识干家

企業閱讀　學以致用

ISO9001

2015新版质量管理体系详解与案例文件汇编

谭洪华◎著

中华工商联合出版社

图书在版编目（CIP）数据

ISO9001：2015 新版质量管理体系详解与案例文件汇编/谭洪华著.—北京：中华工商联合出版社，2016.4
ISBN 978-7-5158-1618-0

Ⅰ.①I…　Ⅱ.①谭…　Ⅲ.①质量管理体系—国际标准—研究　Ⅳ.①F273.2-65

中国版本图书馆 CIP 数据核字（2016）第 041934 号

ISO9001：2015 新版质量管理体系详解与案例文件汇编

作　　者： 谭洪华
责任编辑： 于建廷　效慧辉
责任审读： 郭敬梅
封面设计： 久品轩
责任印制： 迈致红
出版发行： 中华工商联合出版社有限责任公司
印　　刷： 北京中汇数字印刷有限公司
版　　次： 2016 年 8 月第 1 版
印　　次： 2024 年 4 月第 2 次印刷
开　　本： 710mm×1000mm　1/16
字　　数： 200 千字
印　　张： 15
书　　号： ISBN 978-7-5158-1618-0
定　　价： 88.00 元

服务热线： 010-58301130-0（前台）
销售热线： 010-58301132（发行部）
010-58302977（网络部）
010-58302837（馆配部、新媒体部）
010-58302813（团购部）
地址邮编： 北京市西城区西环广场 A 座
19-20 层，100044
http：//www.chgslcbs.cn
投稿热线： 010-58302907（总编室）
投稿邮箱： 1621239583@qq.com

博瑞森图书：企业阅读　本土实践

亲爱的读者朋友：

也许您是博瑞森图书的老读者，也许是新朋友，欢迎您阅读博瑞森图书！

当今中国，各行各业都存在着转型升级的压力与机遇。博瑞森图书与您一同应对转型挑战并发现其带来的机遇。

我们一直在问：什么样的书能为您解决管理难题并带来启发？

我们一直在找：哪些作品能帮助企业从跟随到领先？

我们一直在做：把最好的作品以最便捷的方式呈现给您，纸质版、电子版、书摘邮件、微信……

我们策划图书的原则是：

- 企业阅读——与您一样，做水中的游泳者，而非岸上的观众或教练，企业的困惑就是我们的任务。
- 本土实践——与您一样，立足本土环境，追求卓越实践，传播最适合当下中国企业的管理之道。

我们也向所有的企业管理者、管理咨询专家和企业研究者征稿，让更多被实践检验的好思想、好方法迸发出来，为企业助力！（bookgood@126.com 或 QQ：1963328416 或手机号 13611149991，绝非“自费出书”，不向作者收取任何费用）

如果有一天，您把博瑞森图书视为您优秀的事业伙伴、管理助手，我们也就实现了自己的梦想。

博瑞森图书

中国已经成为ISO9001证书发行量最多的国家，文件多但写了不做、应付各种审核已经成为中国相当一部分企业ISO体系的通病。ISO不是用来改善管理、改变人做事习惯的工具，反而成为我们的负担。

新版本ISO最大的特点是删除了质量手册与程序文件，而之前很多企业就是停留在质量手册与程序文件这种表面形式上，不去落实。同时新版要求在做质量体系策划时要进行风险识别，根据风险来策划质量管理体系。这些要求与广东中欧企业管理研究所策划的质量管理体系不谋而合。中欧研究所根据企业推行ISO存在的问题，摸索出一套既能应付认证、应对二方审核，同时又能帮助企业提升品质、提升效率、降低成本的模式，得到所有服务过的企业的认可。我们只做6个程序文件，其他根据前期风险识别找到的失控点策划要做的控制卡，通过推行控制卡，狠抓执行，让每一个失控点得到控制，产生立竿见影的效果。

同时，新版ISO对质量目标要求形成目标方案，这也与我们的攻关方案不谋而合。我们针对瓶颈和老大难问题，定出分段目标，循序渐进，制订出具体的动作，明确责任人、完成时间、资源要求，并定期检讨，有效地帮助企业解决多年的痼疾，即所谓的行业难题。

ISO9001是有用的，关键是我们怎么用。我们编写的这一套ISO系列丛书，一定会帮助越来越多的企业——不管是几十人的小企业，还是上万人的大企业——找到改善的方向，厘清解决问题的思路。关键是量身定做、见招拆招，不要去生搬硬套，给ISO一个什么固定的模式，能帮助企业成长、发展的模式就是好模式。

2015 版 ISO9001 更关注服务行业发展，语言描述更贴近服务行业，这是 ISO9001 的一大进步，未来 10 年，更多服务行业推行 ISO9001 将成为趋势。

谭洪华

一 为什么要改版

根据 ISO/TC176/SC2，改版的战略意图和目标是：

（1）反映当今质量管理体系在实践和技术方面的变化，为未来 10 年或更长时间规定核心要求

质量管理近 10 年，风险管理、项目管理、过程方法管理、日本精益生产模式发展迅速，并得到全世界管理界人士的认可，ISO9001 也必须吸收新鲜血液，才能与时俱进，才能注入新的生命。

（2）确保本标准反映组织在运作过程中日益加剧的复杂、动态的环境变化

从 1987 年 ISO9001 第一版推出，国际形势与环境发生了翻天覆地的变化，第三世界迅速崛起，中国从农业国变为制造业大国并逐步转型升级，向制造业强国迈进。同时，ISO9001 在各国的推行过程中也暴露出很多问题，如文件过多、运行成本高、文件停留在形式等，ISO9001 改版势在必行。

（3）确保制定的要求能促进组织的有效实施及有效的第一方、第二方和第三方符合性评估

ISO9001 的标准能为任何一方的审核提供依据或标准，不管是客户还是认证机构，或者其他相关质量管理体系，都是以 ISO9001 为基础。

（4）确保本标准是充分的，以提供对满足要求的组织信任

这里的要求指法律法规要求及相关方要求，如客户。通过 ISO9001 的推行与认证，提供给社会一个质量保证与改善的信任。

ISO9001 标准一般 5 ~ 8 年改版一次，最长 8 年必须改版。

ISO9001

二

改版的主要内容概述

据美通社北京 2015 年 9 月 24 日电，2015 年 9 月 23 日，万众瞩目的 ISO9001：2015 重磅发布，这标志着全球质量管理一个新的开始已经到来。负责标准修订工作的 ISO/TC176 工作委员会主席 Dr. Nigel 表示：ISO9001 新版为未来 25 年的质量管理标准做好了准备。

这次修改体现在以下方面。

（一）1 个目的

新版 ISO9001 更加聚焦于一个核心目的，那就是“质量管理体系（QMS）的预期结果”。

关键是产品和服务是否符合了要求？顾客满意度是否增强了？最终是否朝着实现组织战略的方向在迈进？这才是评价质量管理体系（QMS）有效性的终极标准。

（二）2 个模型

新版标准更新了两个模型，即过程模型（如图 2－1 所示）和质量管理体系（QMS）结构模型（如图 2－2 所示）。

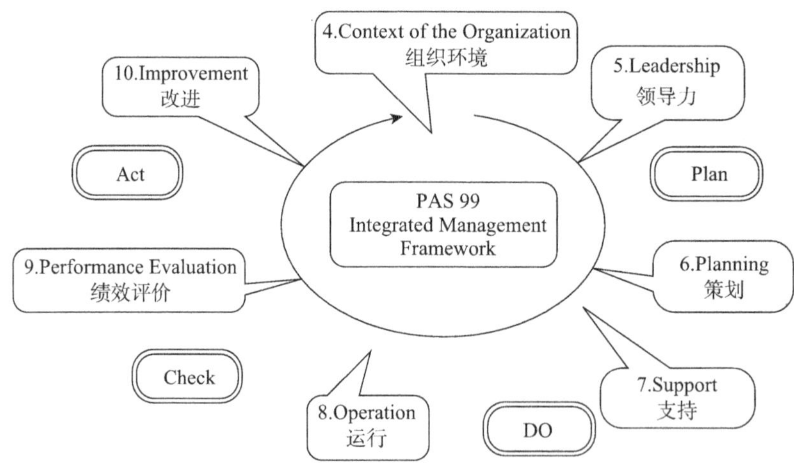

图 2－1　过程模型

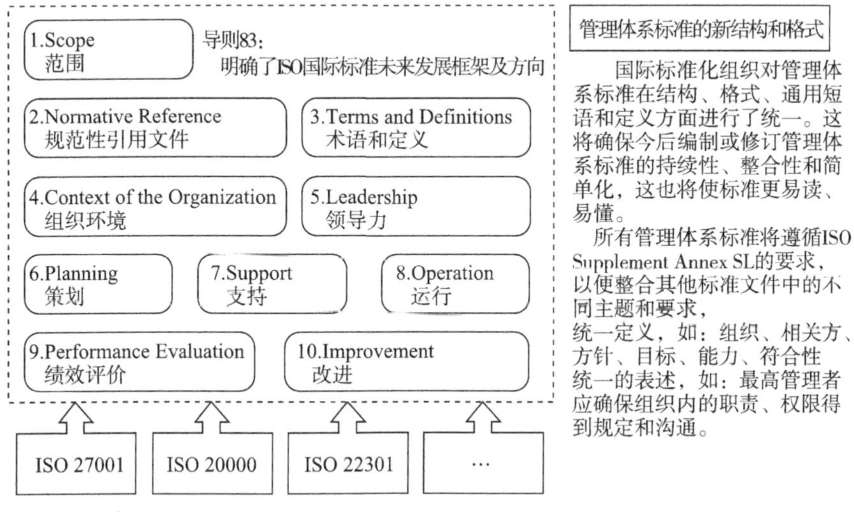

图 2－2　质量管理体系（QMS）结构模型

（三）3 大支柱

新版标准从 MSS 高阶结构、基于风险的思维、领导力三个方面，从实体结构和思维结构的不同方向，为面向未来的 ISO9001 构造了三大支柱，对质量管理体系（QMS）具有全局性的影响。

（1）MSS（管理体系标准）高阶结构

与 ISO9001：2008 相比，2015 版是由表 2－1 中的 10 个条款构成的。

表 2－1　ISO9001：2015 与 ISO9001：2008 条款之比较

条款	ISO9001：2015	ISO9001：2008
1	范围	范围
2	规范性引用文件	规范性引用文件
3	术语和定义	术语和定义
4	组织环境	质量管理体系
5	领导力	管理职责
6	策划	
7	支持	资源管理

续表

条款	ISO9001：2015	ISO9001：2008
8	运行	产品实现
9	绩效评价	测量、分析和改进
10	改进	

（2）领导力

ISO9001 在改版过程中有一个很重要的思想，就是要强化最高管理者在 QMS 内的作用，决定赋予最高管理者一个更积极的角色。毋庸置疑，最高管理者的参与和支持对于 QMS 实现预期结果、达成 QMS 有效性至关重要，而现实的矛盾在于最高管理者的参与程度实际上有所下降。因此，新版标准在多个方面试图强化领导力在 QMS 中的作用。

（3）基于风险的思维

基于风险的思维现在融入新版标准的全过程，并且在 QMS 策划和审核的过程中，都应该主动应用基于风险的思维，以增强顾客的信心和满意度，确保持续提供合格的产品和服务，在组织内部打造积极的预防和改进文化，实现持续成功。

（四）7 项原则

质量管理原则是 ISO9001 质量管理体系标准建立的理论基础，本次标准修订时重新评估了这些质量管理原则，将其中的一个原则——“管理的系统方法”合并到过程方法，现在变成 7 项质量管理原则。

（1）以客户为关注焦点（Customer Focus）。

（2）领导作用（Leadership）。

（3）全员参与（Engagement of People）。

（4）过程方法（Process Approach）。

（5）改进（Improvement）。

（6）基于事实的决策方法（Evidence－based Decision Making）。

（7）关系管理（Relationship Management）。

（五）8 个概念

表 2－2 8 个概念

ISO9001：2008	ISO9001：2015
产品	产品和服务
删减条款	——
管理者代表	——
文件、质量手册、文件化程序、记录	文件化信息
工作环境	过程运行环境
采购的产品	外部提供的产品和服务
供应商	外部供方
监视和测量设备	监视和测量资源

（六）68 项要求

在标准的核心要求方面，ISO9001 质量管理体系从标准条款 4.1 到 10.3，总共有 68 处主要的修订（根据不同的理解和评价准则，对这个数字的认定也许是不同的，关键在于理解标准的要求）。这些修订有的是全新的要求，有的只是改变描述方式以澄清和明确要求。

三

ISO9001：2015/ISO14001：2015 换版计划时间安排

ISO9001：2015/ISO14001：2015 换版时间安排如图 3－1 所示。

2015年9月 ISO9001：2015/ISO14001：2015标准正式发布

2015年10月 认证机构完成内部审核文件的修订

审核员开始换版培训，考试

已获得ISO9001/ISO14001旧版本客户学习新标准，与认证机构沟通换版事宜

2015年11月 ISO9001：2015/ISO14001：2015标准正式认证，但证书不带有CNAS标识，意味着证书国家认监委暂不认可

2016年1月 ISO9001：2015/ISO14001：2015标准最新审核规则将发布，新版本ISO9001到底如何策划、如何审核会有一个统一标准

2016年5月 认证机构接受CNAS现场评审，评审通过的机构将可发带有CNAS标识的证书

2016年9月 2015年11月按新版本审核的客户将换带有CNAS标识的证书。通过CNAS评审通过的认证机构将按CNAS标准审核，发CNAS标识证书

图 3－1　ISO9001：2015/ISO14001：2015 换版时间安排

四

ISO9001：2015 与 ISO9001：2008 之间的区别对照表

ISO9001：2015 与 ISO9001：2008 之间的区别对照如表 4－1 所示。

表 4－1 ISO9001：2015 与 ISO9001：2008 之间的区别对照表

ISO9001：2015		ISO9001：2008	
范围	1	1.1、1.2	范围
规范性引用文件	2	2	规范性引用文件
术语和定义	3	3	术语和定义
组织的背景环境	4		
理解组织及其环境	4.1		
理解相关方的需求和期望	4.2		
确定质量管理体系的范围	4.3		
质量管理体系及其过程	4.4	4	质量管理体系
总则	4.4.1	4.1	总要求
过程方法	4.4.2	4.1	总要求
领导作用	5		
领导作用和承诺	5.1		
总则	5.1.1	5.1	管理承诺
以顾客为关注焦点	5.1.2	5.2	以顾客为关注焦点
方针	5.2	5.3	质量方针
组织的角色、职责和权限	5.3	5.5.1	职责和权限
策划	6	5.4	策划
应对风险和机遇的措施	6.1	5.4.2	质量管理体系策划
质量目标及其实现的策划	6.2	5.4.1	质量目标
变更的策划	6.3		
支持	7		
资源	7.1		
总则	7.1.1		
人员	7.1.2		
基础设施	7.1.3	6.3	基础设施
过程运行环境	7.1.4	6.4.	工作环境

续表

ISO9001：2015		ISO9001：2008	
监视和测量资源	7.1.5	7.6	监视与测量设备
组织的知识	7.1.6	6.2.2	能力、培训和意识
能力	7.2	6.2.2	能力、培训和意识
意识	7.3	6.2.2	能力、培训和意识
沟通	7.4	5.5.3	内部沟通
形成文件的信息	7.5		
总则	7.5.1	4.2.1	总则
创建和更新	7.5.2	4.2.4	记录控制
形成文件的信息的控制	7.5.3	4.2.3	文件控制
运行	8		
运行的策划和控制	8.1		
产品和服务的要求	8.2	7.2	与顾客有关的过程
顾客沟通	8.2.1		
与产品和服务有关的要求的确定	8.2.2	7.2.1	与产品有关的要求的确定
与产品和服务有关的要求的评审	8.2.3	7.2.2	与产品有关的要求的评审
产品和服务要求的更改	8.2.4	7.2.3	顾客沟通
产品和服务的设计和开发	8.3	7.3	设计和开发
外部提供过程、产品和服务的控制	8.4	7.4	采购
总则	8.4.1	7.4.1	采购过程
控制类型和程度	8.4.2	7.4.1	采购过程
外部供方的信息	8.4.3	7.4.2	采购信息
生产和服务提供	8.5	7.5	生产和服务过程
生产和服务提供的控制	8.5.1	7.5.1、7.5.2	生产和服务提供的控制、生产和服务提供过程的确认
标识和可追溯性	8.5.2	7.5.3	标识与追溯
顾客或外部供方的财产	8.5.3	7.5.4	顾客财产
防护	8.5.4	7.5.5	产品防护
交付后的活动	8.5.5	7.5.5	产品防护

续表

ISO9001：2015		ISO9001：2008	
更改控制	8.5.6	7.3.7	变更控制
产品和服务的放行	8.6	8.2.4	产品的监视和测量
不合格输出的控制	8.7	8.3	不合格品控制
绩效评价	9		
监视、测量、分析和评价	9.1	7.6	监视和测量设备的控制
总则	9.1.1		
顾客满意	9.1.2	8.2.1	顾客满意
分析与评价	9.1.3	8.4	数据分析
内部审核	9.2	8.2.2	内部审核
管理评审	9.3	5.6	管理评审
持续改进	10.3	8.5.1	持续改进
不符合和纠正措施	10.2	8.5.2、8.5.3	纠正措施、预防措施
改进—总则	10.1	8.5	改进

五

ISO9001：2015 增加和减少的内容

1. 增加的内容

- 4. 1 理解组织及其背景。
- 4. 2 理解相关方的需求和期望。
- 5 领导力请关注 5. 1. a ~ j 与标准的新增部分，尤其是 h 和 j 的要求。
- 5. 2 质量方针的沟通，方针需保持文件化信息。
- 6. 1 应对风险和机遇的措施。
- 7. 1. 1 总则当中，请关注获取资源要考虑的两个方面：

a）现有内部资源的能力和局限；

b）需要从外部供方获取什么。

- 7. 1. 4 过程运行环境中增加了社会和心理方面的因素。
- 7. 1. 6 组织知识，请关注其中知识管理的要求。
- 7. 4 对于“沟通”，请重点关注沟通的五要素。
- 8. 4 外部提供的过程、产品和服务的控制，强化对外包的控制。
- 8. 5. 3 顾客或外部供方的财产中增加了外部供方财产。
- 8. 5. 4 防护中，请注意“注”对防护内容的说明。
- 8. 5. 5 交付后的活动。
- 8. 5. 6 变更控制。
- 8. 6. 3 顾客财产注意新增的两条：顾客财产和应急措施。

2. 减少的内容

- 管理者代表的具体要求，内容合并到最高管理者的职责中。
- 预防措施。
- 计算机软件的确认要求。
- 将“能力、培训和意识”分为“能力”和“意识”两部分，弱化培训的要求。
- 不再将质量手册作为条款硬性要求。

- 将设计与开发的评审、验证、确认合并成开发控制，明确三者根据需要可以调整。
- 合并了 7. 5. 1 和 7. 5. 2，弱化了对“特殊过程”的具体要求。
- 8. 2. 3 过程的监视和测量。

六

ISO9001：2015 新版标准讲解

ISO9001：2015 新版中再也见不到“质量手册”和“程序文件”这类中国人难以理解的文件形式了，统一用“形成文件的信息”取而代之。通篇也见不到“记录”两个字眼了，统一用“活动结果的证据”取而代之。

ISO9001：2015 新版标准用大量篇幅要求将“活动结果的信息（证据）形成文件”，请注意：这里是绝对不能断章取义地理解为“活动的信息（证据）形成文件”。如 ISO9001：2015 新版 8.2.3 条款“与产品和服务有关要求的评审”仍然强调“评审结果的信息应形成文件”；ISO9001：2015 新版 8.4.2 条款“外部供应的控制类型和程序”仍然强调“评价结果的信息应形成文件”；ISO9001：2015 新版 9.3 条款“管理评审”仍然强调“管理评审结果的证据”；ISO9001：2015 新版 9.1.3 条款“数据分析和评价”仍然强调“数据分析和评价结果的证据”。要特别强调的是，同老版本一样，ISO9001：2015 新版标准几乎每个条款用的都是“动词”，如评审、验证、确认等；也就是说，ISO9001：2015 新版关注的仍然是你是否有“动作”（即实干兴邦）。通篇见不到“记录”两个字眼就是明证！因此，关注“动作”的存在和有效性，新版本比老版本进一步强化！

目 录

5.1　领导作用和承诺

5.2　方针

5.3　组织的角色、职责和权限

6. 策划

6.1　应对风险和机遇的措施

6.2　质量目标及其实现的策划

6.3　变更的策划

7. 支持

7.1　资源

7.1.1　总则

7.1.2　人员

7.1.3　基础设施

7.1.4　过程运行环境

7.1.5　监视和测量资源

7.1.6　组织的知识

7.2　能力

7.3　意识

7.4　沟通

7.5　形成文件的信息

8. 运行

8.1　运行的策划和控制

8.2　产品和服务的要求

8.2.1　顾客沟通

8.2.2　与产品和服务有关的要求的确定

8.2.3　与产品和服务有关的要求的评审

8.2.4　产品和服务要求的更改

8.3　产品和服务的设计和开发

8.3.1　总则

8.3.2 设计和开发策划

8.3.3 设计和开发输入

8.3.4 设计和开发控制

8.3.5 设计和开发输出

8.3.6 设计和开发更改

8.4 外部提供过程、产品和服务的控制

8.5 生产和服务提供

8.5.1 生产和服务提供的控制

8.5.2 标识和可追溯性

8.5.3 顾客或外部供方的财产

8.5.4 防护

8.5.5 交付后的活动

8.5.6 更改控制

8.6 产品和服务的放行

8.7 不合格输出的控制

9. 绩效评价

9.1 监视、测量、分析和评价

9.1.1 总则

9.1.2 顾客满意

9.1.3 分析与评价

9.2 内部审核

9.3 管理评审

10. 持续改进

10.1 总则

10.2 不符合和纠正措施

10.3 持续改进

1. 范围

本标准为有下列需求的组织规定了质量管理体系的要求：

a）需要证实其具有稳定地提供满足顾客要求和适用的法律法规要求的产品和服务的能力；

b）通过体系的有效应用，包括体系持续改进的过程及保证符合顾客要求和适用的法律法规要求，增强顾客满意度。

注 1：在本标准中，术语“产品”仅适用于：

a）预期提供给顾客或顾客所要求的商品和服务；

b）运行过程中所产生的任何预期输出。

注 2：“法律法规要求”可称作“法定要求”。

［**理解**］

（1）原来的“产品”改为“产品与服务”，这个标准原来主要运用在制造行业，现在在第二、第三产业越来越好用。厨房做出的菜是产品，在餐厅用餐的氛围、温度、湿度就是服务性产品。

（2）学校的产品与服务是教学活动，如备课、上课、考试；快递公司的产品与服务是物流运输或包装；酒店的产品与服务是客房或康体服务、餐饮服务。

2. 规范性引用文件

下列文件中的条款通过本标准的引用而构成本标准的条款。凡是注日期的引用文件，只有引用的版本适用；凡是不注日期的引用文件，其最新版本（包括任何修订）适用于本标准。

ISO9000：2015 质量管理体系　基础和术语

［**理解**］

无变化。

3. 术语和定义

本标准采用 GB/T19000 中所确立的术语和定义。

［理解］

新标准列举了22个名词解释，与2008版30个术语不一样。其中，有7个专业术语是新增加的。

3.1 利益相关方：人或组织能影响到某个决策或活动，或被影响及认为自身会被其影响。

3.2 风险：不确定性的影响。

3.3 文件化信息：组织需控制和保持的信息及其包含它的介质。

3.4 绩效：可测量的结果。

3.5 外包：当外部组织履行组织的部分职能或过程所进行的安排。

3.6 监视：确定体系、过程或活动的状态。

3.7 测量：确定数值的过程。

4. 组织的背景环境

4.1 理解组织及其环境

组织应确定与其目标和战略方向相关并影响其实现质量管理体系预期结果的各种外部和内部因素。

组织应对这些内部和外部因素的相关信息进行监视和评审。

注1：这些因素可以包括需要考虑的正面和负面要素或条件。

注2：考虑国际、国内、地区和当地的各种法律法规、技术、竞争、市场、文化、社会和经济因素，有助于理解外部环境。

注3：考虑组织的价值观、文化、知识和绩效等相关因素，有助于理解内部环境。

［理解］

（1）建立质量管理体系必须考虑到组织内部与外部环境的影响，内外环境是策划质量管理体系的主要输入，例如国际环境物质标准的要求、公司中长期战略目标、公司员工的素质等。这些因素直接影响到是否要策划一些文件来控制过程的有效运行，以此确保体系的有效性。有些企业执行力差，公司就必须策划出一些提升执行力意识的动作、稽查的动作，否则质量体系将失效。

（2）这是2015新版本增加的要求。中国ISO推行效果差主要是没有考虑到中国文化的情况，没有考虑到中国工业化发展水平、员工的职业素养，所以策划出来的文件只适合高素质、责任心特别强的企业，中小民营企业说一套，做一套，ISO对其来说成为一个负担。

（3）企业在策划这个条款时，要先就企业内外环境做SWOT或其他方式的风险分析，诊断影响公司战略目标、愿景的失控点，策划出一个文件清单。这个文件清单可评价体系策划的有效性。

（4）案例说明：MJ公司推行ISO9001：2015，根据公司内部与外部环境来策划质量系统，打破了以往先做质量手册、程序文件的推行模式。这种推行方式是根据公司失控点来策划文件，不是为了做文件而做文件，以此确保体系的有效性与适宜性（如表6－1所示）。

（5）要提供的证据：公司现状SWOT或其他风险分析报告及公司管理失控点分析。

（6）易失控点：没有根据企业员工素质、企业内外环境来策划体系，文件不适用，员工看不懂或看起来吃力，不能促进企业改善。

表6－1 MJ公司质量体系策划

序号	问题点	方案	启动时间	完成时间
1	新项目报价失控	报价程序，ISO流程与表单优化	8月27日	10月14日
2	客户关系维护失控	客户售后服务程序，ISO程序与表单优化	8月27日	10月14日
3	专业人员的积极性低	业务部绩效考核方案，其他部门绩效考核方案	11月1日	11月19日
4	ERP系统线材编码失控	线材编码规则	8月27日	9月5日
5	物料申购失控，紧急采购多	采购周期与最低采购量标准	8月27日	10月14日

续表

序号	问题点	方案	启动时间	完成时间
6	物料成本管理失控	物料管理程序，明确发料，退料，补料流程，生产完的订单多余料必须入库，每个订单完成要核算材料损耗	8 月 27 日	10 月 14 日
7	物料贮存管理失控	仓库盘点制度，仓库整改攻关方案，仓库区域规划图，二楼车间化一块地放端子料	8 月 27 日	10 月 14 日
8	组织架构不合理	组建 PMC、稽查部，采购部脱离业务部	8 月 21 日	
9	成品采样品送出后无人跟进	制样与送样管理制度，写进产品开发程序	8 月 27 日	10 月 14 日
10	PMC 职能没有发挥出来，没人做订单上线前的排查动作	物料提前排查与备料制度，写进生产计划与物料计划程序	8 月 27 日	10 月 14 日
11	沟通方式失控	工程变更，订单，打样，重要信息资料不可用 QQ 联系，必须要用邮件，写进工程变更程序，订单评审程序，产品开发程序中	8 月 27 日	10 月 14 日
12	职责不明确，PMC，IPQC 基本职能没有发挥出来	六职责，三定卡	9 月 1 日	10 月 25 日
13	新项目管理失控	样品转量产制度，写进产品开发程序	8 月 27 日	10 月 14 日
14	采购交率低（线材更严重）	采购准交率攻关方案，供应商考核方案	9 月 1 日	11 月 18 日
15	员工积极性低	生产部绩效考核方案，生产部产能激励方案	9 月 1 日	11 月 18 日

续表

序号	问题点	方案	启动时间	完成时间
16	现场 5S 混乱	5S 整改方案	8 月 27 日	10 月 14 日
17	产品追溯性差	产品标示与追溯程序	8 月 27 日	10 月 14 日
18	检验无检验动作指导书，检验基准书	检验动作指导书，检验基准书	8 月 27 日	10 月 14 日
19	员工培训，能力鉴定失控	人力资源程序	8 月 27 日	10 月 14 日
20	无品质改善活动	品质例会制度，品质数据分析程序，纠正预防措施填写指导书	8 月 27 日	10 月 14 日
21	执行力不高，无人稽查	组建稽查部，专属总经理负责，建立稽查制度，提升制度、决议的执行力	8 月 27 日	10 月 14 日
22	财务没有核算库存金额，没有对每个订单的制造成本进行核算，没有统计材料成本，人工成本占销售额比例。	财务数据公布制度，财务部统计：材料成本，人工成本占销售额比率，库存金额，每个订单制造成本	8 月 27 日	10 月 14 日

4.2 理解相关方的需求和期望

由于相关方对组织持续提供符合顾客要求和适用的法律法规要求的产品和服务的能力产生影响或潜在影响，因此组织应确定：

a. 与质量管理体系有关的相关方；

b. 这些相关方的要求。

组织应对这些相关方及其要求的相关信息，进行监视和评审。

［理解］

（1）质量管理体系的推行，必须考虑到供应商、客户、最终用户、监管机构、分销商、外包商、员工的要求，作为体系策划的因素。比如客户不讲信用，付款不及时，导致供应商积极性差、来料不准时、品质不稳定，严重影响公司产品的品质，在策划质量体系时，就必须把对供应商的激励、考核当作质量管理体系的一部分。

（2）供应商准交率提升方案如表 6－2、表 6－3 所示。对供应商进行考核，延期一天交货，付款延期 10 天。供应商配合得好，则通过提前付款、增加订单来激励。

（3）要提供的证据：供应商管理方案、委外厂商管理方案、合同评审记录等。

（4）失控点：没有合同评审记录，没有识别相关法律法规等外来文件，没有关注供应商需求。

表 6－2　订单评审表

单号：　　　　　　　　机械型号：　　　　　　　　客户名称：

<table>
<tr><td colspan="3"></td></tr>
<tr><td>交期要求：</td><td>业务员：</td><td>生管员：</td></tr>
<tr><td colspan="2">工程资料完成日期/风险评审</td><td>签名：</td></tr>
<tr><td colspan="2">材料库存状态/风险评审</td><td>签名：</td></tr>
<tr><td colspan="2">采购到库日期/风险评审：PA66 有库存，不需要采购
TPU 采购数量为 25KG，预计到厂日期：7/25</td><td>签名：</td></tr>
<tr><td colspan="2">模具完工日期/风险评审：有现存模具，可能存在易损件损坏，生产前需要提前确认</td><td>签名：</td></tr>
</table>

续表

生产完成日期/风险评审：配料成型，全检入库　风险：不能及时	签名：
检验完成日期/风险评审：	签名：

表 6－3　供应商激励方案

序号	计划日期	实施内容	制约	责任部门	责任人	完成日期
1	6 月 16～17 日	发函给供应商：提出交付方面配合及对供应商的要求，供应商需提供回签/生产计划/上下线/送货等各环节时间	稽核部	采购部	陈奎	
2	6 月 18～21 日	传真给各供应商：并要求各供应商签名确认回复	采购文员通报/稽核部	采购部	采购员	
3	6 月 16 日	制作管制表模版，加入申购/供应商回传/供应商生产上下线/送货等时间点	稽核部	采购部	陈奎	
4	6 月 16 日开始	收到物控部申购表后，上午收到在当日 23 时前完成下采购单，下午收到在次日 14 时前完成下采购单。无单价产品，采购员在 3 个工作日内写成询比价，采购主管及总经理 2 个工作日内完成审核审批	采购文员日统计通报/稽核部	采购部	采购员	

续表

序号	计划日期	实施内容	制约	责任部门	责任人	完成日期
5	6月16日开始	物控部在2小时内完成订单数量及是否漏下单的跟进检查。物控员需在申购发出3天后进行通报，发现采购漏单。相关采购员东捐2元/项。订单下达落实稽查表	采购文员日通报/稽核部	物控部	余泳怡	
6	6月16日开始	财务部在2小时内完成采购订单审批。财务部需及时按约定对账及付款	采购文员日通报/稽核部	财务部	项尧卿	
7	6月16日开始	采购订单下达复查，申购表收到次日复查下单，准时性及有无遗漏	采购文员日通报/稽核部	采购部	刘青鹏/廖健昌	
8	6月18日开始	供应商回签确认，供应商应评审图纸/评估磨具/产能等相关项，在收到传真后1个工作日内回传至我司	刘静鹏/廖健昌查核/稽核部	采购部	各采购员	
9	6月20日开始	供应部排产确认，超过15天周期供应商，均应回复排产上下线时间。采购排查记录表	采购文员查核跟进表/稽核部	采购部	各采购员	
10	6月20日开始	供应用上下线日期电话，或传真确认	刘静鹏/廖健昌查核/稽核部	采购部	各采购员	

续表

序号	计划日期	实施内容	制约	责任部门	责任人	完成日期
11	6 月 21 日开始	采购日计划，依据仓库备料报欠/供应商上下线/送货排查列出每日跟进计划并实施	刘静鹏/廖健昌查核/稽核部	采购部	各采购员	
12	6 月 9 日开始	每日早会简要安排工作任务	稽核部	采购部	陈奎	
13	6 月 13 日开始	每日召开例会，检查日计划达成状况及异常处理	稽核部	采购部	陈奎	
14	6 月 16 日	供应商交期管理制度改变，供应商严查处罚，延期 1 天，推迟 10 天付款，要求各供应商确认，同第 1 项传真一起发出。预付款供应商另行确定处罚要求	稽核部	采购部	陈奎	
15	长期	供应商现场辅导提升，根据供应商的实际情况及需求实施	稽核部	采购部	陈奎	
16	长期	供应商资源整合，对问题供应商进行淘汰及替换	稽核部	采购部	陈奎/刘静鹏/廖健昌	
17	6 月 16 日开始	仓库报欠物料应对措施，除责任采购员紧急处理外，部门应紧急处理，电子及成品由廖健昌负责，其余物料由刘静鹏负责	陈奎/稽核部	采购部	陈奎/刘静鹏/廖健昌	
18	6 月 16 日开始	每周二 11：00 实施项目总结，对攻关实施异常分析并提出改善	稽核部	采购部	陈奎	

4.3 确定质量管理体系的范围

组织应明确质量管理体系的边界和适用性，以确定其范围。

在确定范围时，组织应考虑：

a. 各种内部和外部因素，见4.1；

b. 相关方的要求，见4.2；

c. 组织的产品和服务。

对于本标准中适用于组织确定的质量管理体系范围的全部要求，组织应予以实施。

组织的质量管理体系范围应作为形成文件的信息加以保持。该范围应描述所覆盖的产品和服务类型，若组织认为其质量管理体系的应用范围不适用本标准的某些要求，应说明理由。

去除那些不适用组织的质量管理体系的要求，不能影响组织确保产品和服务合格及增强顾客满意度的能力或责任，否则不能声称符合本标准。

[理解]

（1）推行质量体系必须形成文件化的体系范围，如某某产品的设计、冲压、热处理等活动。范围不能太大，如某公司只有五金冲压，不可写五金制品的加工。

（2）因为要形成文件，可以和组织架构、质量方针、目标放在一起，文件名可以是文件或质量手册。

（3）如果有外部场所，也必须纳入质量管理体系范围。例如，某公司的采购委托日本总公司进行，那么日本总公司就是质量管理体系的一部分，必须有过程控制的证据，按采购与供方管理。不能因为本公司大陆工厂没有采购，就把采购删除。

（4）要提供的证据：质量体系范围或质量手册。

（5）易失控点：质量体系范围删减了设计开发或采购或顾客财产，这三个条款一般不能删除，设计开发没有产品设计，但有工艺设计、打样。采购方面，有些外资企业委托总公司采购，也要纳入审核，不能删除。顾客财产包括客户提供的信息、样品、图纸，所以也不能删除。

4.4 质量管理体系及其过程

4.4.1 组织应按照本标准的要求，建立、实施、保持和持续改进质量管理体系，包括所需过程及其相互作用。

组织应确定质量管理体系所需的过程及其在整个组织内的应用，且应：

a. 确定这些过程所需的输入和期望的输出；

b. 确定这些过程的顺序和相互作用；

c. 确定和应用所需的准则和方法（包括监视、测量和相关绩效指标），以确保这些过程的运行和有效控制；

d. 确定并确保获得这些过程所需的资源；

e. 规定与这些过程相关的责任和权限；

f. 按照6.1的要求确定风险和机遇；

g. 评价这些过程，实施所需的变更，以确保实现这些过程的预期结果；

h. 改进过程和质量管理体系。

［理解］

（1）明确要求过程方法是质量管理体系的重要部分，2008版是没有这样强烈要求的。

（2）TS16949强烈要求用过程方法来策划，2015版ISO9001肯定要按过程方法来策划体系，用过程方法来进行内部审核。

（3）案例如表6－4、图6－1所示。

表6－4 质量管理体系所需过程

序号	过程（乌龟图）	工作内容
1	客户售前售中管理C1	客户售前售中管理程序
2	APQP与PPAP过程C2	APQP、PPAP、SPC、MSA、FMEA程序
3	生产计划与生产过程C3	生产计划与生产过程程序
4	工程变更C4	工程变更程序
5	客户售后服务C5	客户售后服务程序

续表

序号	过程（乌龟图）	工作内容
6	产品检验与试验 S1	产品检验与试验程序
7	设备管理 S2	设备管理程序
8	模具工装管理 S3	模具工装程序
9	人力资源 S4	人力资源程序
10	产品防护 S5	产品防护程序
11	文件与记录管理 S6	文件与记录程序
12	采购与供应商 S7	采购与供应商程序
13	标示与追溯 S8	标示与追溯程序
14	测量设备与实验室 S9	测量设备与实验室程序文件
15	不合格品 S10	不合格品程序文件
16	质量成本 M1	质量成本程序
17	经营计划与目标管理 M2	经营计划与目标管理程序
18	内审 M3	产品审核，过程审核，体系审核程序
19	管理评审 M4	程序
20	纠正预防措施 M5	纠正措施程序
21	数据分析 M6	数据分析程序
22	沟通与协调 M7	沟通程序

（4）体系的过程分为三类：客户导向过程 COP、管理过程 MP、支持过程 SP，每个过程要用乌龟图来分析。

（5）要提供的证据：乌龟图清单、章鱼图、各过程的过程分析图。

（6）易失控点：没有识别过程，没有对过程进行分析。

4.4.2 在必要的程度上，组织应：

a. 保持形成文件的信息以支持过程运行；

b. 保留确认其过程按策划进行的形成文件的信息。

［理解］

乌龟图、章鱼图，过程关系图要形成文件。

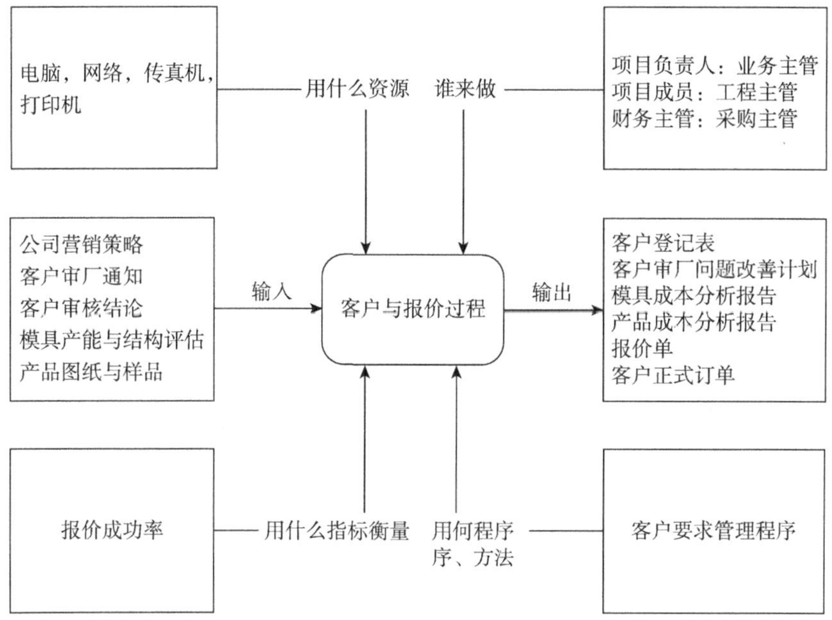

图 6－1　客户管理与报价过程图

5. 领导作用

5.1　领导作用和承诺

5.1.1　总则

最高管理者应证实其对质量管理体系的领导作用和承诺，通过：

a. 对质量管理体系的有效性承担责任；

b. 确保制订质量管理体系的质量方针和质量目标，并与组织环境和战略方向相一致；

c. 确保质量管理体系要求融入于组织的业务过程；

d. 促进使用过程方法和基于风险的思维；

e. 确保获得质量管理体系所需的资源；

f. 沟通有效的质量管理和符合质量管理体系要求的重要性；

g. 确保实现质量管理体系的预期结果；

h. 促使、指导和支持员工努力提高质量管理体系的有效性；

i. 推动改进；

j. 支持其他管理者履行其相关领域的职责。

注：本标准使用的“业务”一词可大致理解为涉及组织存在目的的核心活动，无论是公营、私营、营利或非营利组织。

［**理解**］

（1）这个条款新增了很多内容，如建立方针与目标要与组织战略方向一致、鼓励过程方法的意识和创新、支持员工参与、支持其他管理者发挥部门领导作用等。

（2）中小企业不能只把企业当作赚钱工具，而要定出自己的企业愿景、战略目标、经营理念、历史使命。

（3）质量方针不但要理解，而且要落实，企业要服从方针的要求。

（4）在全公司导入过程方法，要有输入输出的意识、过程横向管理的意识，部门与部门之间、上下工序之间能相互制约、相互监督，确保体系的有效循环。而以往部门与部门之间不配合、不敢制约、不敢监督，部门与部门之间接口不顺，工序交接、工作交接不顺。

（5）领导要更加鼓励员工参与到公司的管理创新中，全员参与，发挥员工的作用，开发员工潜能。现在中小企业的员工边缘化严重，员工被认为不重要，员工只被机械使用，员工的能力受到压抑，没有成就感，员工流失严重。

（6）互联网时代，科学、经济、社会发展神速，产品更新换代特别快，不管是制造业，还是农林业、服务业，每年都在发生变化与创新。苹果因创新而在全世界手机、平板电脑市场上占有绝对优势，而诺基亚及日本公司创新稍差，消费电子产品的风光不再。中国的企业，不管是管理还是技术、新品研发，创新能力稍差，基本上是以抄袭、模仿为主，所以 2008 年后，中国的制造业一年不如一年，倒闭、跑路的企业特别多。

（7）领导主要是针对管好人来说的，管人主要是管人的意识、心态、能力、知识等。管人需要有一定权威的人才能做，一个企业只有各部门经理、总监、总经理级别的人才更有资格管好人，所以管好人、带好团队不仅是老板的事，也是各部门负责人的事。

（8）要提供的证据：公司的战略目标、经营计划、经营理念、历史使命、质量方针、质量目标等。

5.1.2　以顾客为关注焦点

最高管理者应证实其以顾客为关注焦点的领导作用和承诺，通过：

a. 确定、理解并持续满足顾客要求以及适用的法律法规要求；

b. 确定和应对能够影响产品、服务符合性及增强顾客满意度能力的风险和机遇；

c. 始终致力于增强顾客满意度。

[理解]

（1）a、c 条款是新增内容，明确要求体系识别客户与法律法规要求，并持续满足。

（2）风险思维要求在新项目导入时要识别项目风险，如产品质量风险、销售地区所在法律法规的风险、安全风险、可靠性风险、可维修性风险。项目导入成功后，还要考虑是否可准时交货的风险。这里需要做新项目设计评审、订单评审。

（3）要提供的证据：法律法规清单、客户特殊要求清单、外来文件清单、设计评审表、合同评审记录。

（4）易失控点：没有识别客户所在国的产品相关法律法规与要求，如 ROHS、UL、CE 等。

5.2　方针

5.2.1　最高管理者应制定、实施和保持质量方针，质量方针应：

a. 适应组织的宗旨和环境并支持其战略方向；

b. 为制订质量目标提供框架；

c. 包括满足适用要求的承诺；

d. 包括持续改进质量管理体系的承诺。

5.2.2 沟通质量方针，质量方针应：

a. 作为形成文件的信息，可获得并保持；

b. 在组织内得到沟通、理解和应用；

c. 适宜时，可向相关方提供。

［理解］

（1）新版本增加c条款要求，明确质量方针当有相关方有要求时能够尽快获取。

（2）要提供的证据：质量方针、质量方针宣传证据、质量方针培训证据、质量方针更新证据。质量方针一定要形成文件。

（3）易失控点：方针相关方不容易找到或看到，没有在保安室或厂区最高大楼标示或在网站上宣传。

质量方针案例（如图6－2所示）

质量方针：

以人为本 共创优质

持续改进 满足顾客

释义：

（1）员工是公司的财富；

（2）质量是公司的生命；

（3）改善是公司发展的动力；

（4）顾客是公司的未来。

Quality Policy

1. Human resource is the wealth of company;

2. Quality is the life of company;

3. Improvement is the motivation of development of company;

4. Customer is the future of company.

总经理：

图6－2 明确质量方针

5.3　组织的角色、职责和权限

最高管理者应确保整个组织内相关角色的职责、权限得到分派、沟通和理解。

最高管理者应分派职责和权限，以：

a. 确保质量管理体系符合本标准的要求；

b. 确保各过程获得其预期输出；

c. 报告质量管理体系的绩效及其改进机会（见10.1），特别向最高管理者报告；

d. 确保在整个组织推动以顾客为关注焦点；

e. 确保在策划和实施质量管理体系变更时保持其完整性。

［**理解**］

（1）删除了管理者代表条款，以后不需要管理者代表也可，总经理直接参与体系的策划，运行，提供资源。

（2）管理体系是否有效，强调是总经理的责任（如图6－3所示）。

（3）总经理要明确所有人的角色，不可能所有人都指手画脚，认为自己的功劳最大，所有人必须相互配合，就像人体一样，心脏、肝脏、肾等器官都重要，每个人扮演的角色不一样，不可能分出一、二、三名来，所以都不要去争功。一个企业有做好人的，在管事上就必须要有做坏人的；有做事的，就必须有管事的。

（4）要提供的证据：职能分配表、组织架构图、部门职责、岗位职责、职责宣传。不一定要制作文件发行，可以做成看板装帧在墙上。

（5）易失控点：部门职责描述不全，很多岗位职责没有描述到，如搬运工、电工，职能分析表与文件描述职责不对应。

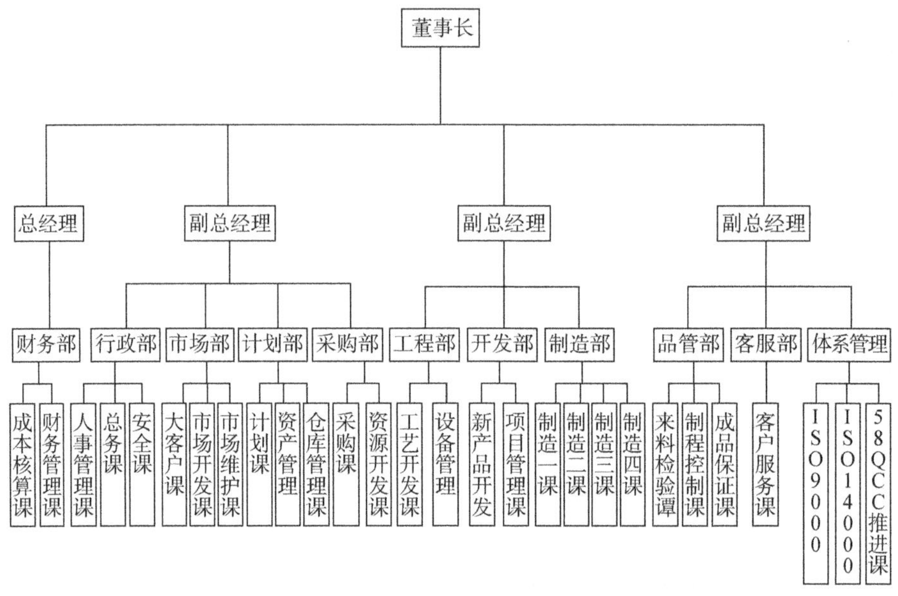

图 6-3　某公司的管理体系

案例：某公司职责说明书

人事主管管理职责

1）干部招聘、录用，负责做好在职干部的培训工作；

2）干部晋升的调查考评工作、绩效考评工作的策划；

3）调解内部矛盾和协调人际关系，使员工之间能和睦相处，促进公司气氛和谐；

4）年度培训计划的统筹、制订；

5）完成上级赋予的其他事宜。

前台文员、保安职责

1）执行厂规、厂纪，监督全体人员上下班打卡及人员、物资的出入情况；

2）礼貌地接待并登记来访客人及车辆；

3）定期检查消防设施及消防通道；

4）按时按质完成上级赋予的其他工作。

保安、电工职责

1）执行厂规、厂纪，监督全体人员上下班打卡及人员、物资的出入情况；

2）定期检查消防；

3）电气设备的维修及保养；

4）保证公司正常用电、用水、用气及其防护处理；

5）保证公司内的基础设施安全、正常；

6）上级指定的相关其他工作事项。

6. 策划

6.1　应对风险和机遇的措施

6.1.1　策划质量管理体系，组织应考虑到4.1所描述的因素和4.2所提及的要求，确定需要应对的风险和机遇，以便：

a. 确保质量管理体系能够实现其预期结果；

b. 增强有利影响；

c. 避免或减少不利影响；

d. 实现改进。

6.1.2　组织应策划：

a. 应对这些风险和机遇的措施；

b. 如何策划：

1）在质量管理体系过程中整合并实施这些措施（见4.4）；

2）评价这些措施的有效性。

应对风险和机遇的措施应与其对于产品和服务符合性的潜在影响相适应。

注1：应对风险可包括规避风险、为寻求机遇承担风险、消除风险源、改变风险的可能性和后果、分担风险，或通过明智决策延缓风险。

注2：机遇可能导致采用新实践、推出新产品、开辟新市场、赢得新客户、建立合作伙伴关系、利用新技术及能够解决组织或其顾客需求

的其他有利可能性。

［理解］

(1) 在做质量管理体系策划时，要有风险识别，风险是质量体系策划的输入。

(2) 风险主要是过程上和质量体系上的风险，例如客户要求识别得不到满足、环保产品要求得不到满足、材料没办法准时交货、只靠员工自检产品得不到保证等风险。

(3) 这里的风险不是指产品的风险，所以 FMEA 暂时不需要做。

(4) 要提供的证据：质量体系策划前 SWOT 分析、管理失控点风险。

(5) 易失控点：没有找到质量体系的失控点就盲目策划，导致过程失效。如交接班管理存在诸多风险，但体系文件没有策划到过程如何控制。

6.2 质量目标及其实现的策划

6.2.1 组织应对质量管理体系所需的相关职能、层次和过程设定质量目标。

质量目标应：

a. 与质量方针保持一致；

b. 可测量；

c. 考虑到适用的要求；

d. 与提供合格产品和服务及增强顾客满意度相关；

e. 予以监视；

f. 予以沟通；

g. 适时更新。

组织应保留有关质量目标的形成文件的信息。

6.2.2 策划如何实现质量目标时，组织应确定：

a. 采取的措施；

b. 需要的资源；

c. 由谁负责；

d. 何时完成。

［理解］

（1）现在的目标管理增加了一个要求，就是要做目标实现的方案，不但要有目标，还要有具体的动作和资源的投入。

（2）2008 版 ISO9001 只要求有目标即可，定期统计数据，不需要具体的方案，形式主义严重。

（3）要提供的证据：公司目标、各部门目标、目标达成方案。

（4）易失控点：目标没有分解到各部门，没有策划品质相关目标，如合格率、不良率，没有目标达成实施方案。

（5）公司层级目标：顾客满意度调查平均得分≥80 分。

（6）各部门目标分解如表 6－5 所示。

表 6－5 各部门的质量目标与实现

<table>
<tr><th>目标值</th><th colspan="2">计算方法</th><th>主要责任部门</th><th>统计部门</th></tr>
<tr><td rowspan="2">产品合格率≥96 %</td><td>生产合格数</td><td rowspan="2">×100 %</td><td rowspan="2">生产</td><td rowspan="2">品管</td></tr>
<tr><td>产品生产总数</td></tr>
<tr><td rowspan="2">准时交货率≥96 %</td><td>准时交货批数</td><td rowspan="2">×100 %</td><td rowspan="2">业务</td><td rowspan="2">业务</td></tr>
<tr><td>交货总批数</td></tr>
<tr><td rowspan="2">客户满意调查得分≥80 分</td><td colspan="2">客户调查总分</td><td rowspan="2">相关部门</td><td rowspan="2">业务</td></tr>
<tr><td colspan="2">客户调查家数</td></tr>
<tr><td>客诉件数≤1 件</td><td colspan="2">当月客诉件数</td><td>相关部门</td><td>品管</td></tr>
<tr><td rowspan="2">原材料合格批率≥99%</td><td>进料合格批数</td><td rowspan="2">×100 %</td><td rowspan="2">采购</td><td rowspan="2">采购</td></tr>
<tr><td>进料总批数</td></tr>
</table>

案例：市场下单正确率提升攻关方案

一、目的

为进一步规范下单动作流程，从而减少甚至杜绝因下单错误导致客户不接受而带来的损失，特制订此攻关方案。

二、目标

下单准确率 99% 以上（下单错误导致客户不接受订单［包括在线生产品］0 单/月）。

三、时间范围

2011 年 5 月 3 日～5 月 31 日（为第一阶段）。

四、现状

4 月 1 日～15 日半个月共下单 500 款，流出问题到下工序的有 11 款，下单准确率为 97.8%，不良率为 2.2%。

五、攻关参与人员

组长：刘芳

副组长：曾晓静

指导：连俊明、项目组

组员：曾晓静、姚美香、蒋小青、肖利曼、杨芳

协助人员：陈忠、王胜兰、朱林

职责范围：

组长、副组长：负责攻关小组运行中的一切资源支持、确定决策及监督执行，动员员工，主持攻关过程中的会议决定，并跟进攻关的实施。

指导：负责攻关过程中一切动作运行方案制订的指导。

组员：全力配合组长、副组长工作，负责攻关小组决议的执行、效果的保障、数据统计、问题收集、改善措施建议。

协助人员：全力配合组长、副组长工作，负责发现问题，收集数据反馈，并提出改善建议。

六、具体动作如表 6－6 所示。

表 6－6 攻关人员的具体动作

步骤	具体动作	时间	责任	跟进	责任承担
1	收到客户订单首先根据客户关键工艺要求核对单价、工程费、菲林费、飞测费、模具费、测试架费及增加的特殊工艺费用是否正确。订单下达前必须有双方签字生效的采购合同或富翔正式合同方可下单	收到客户资料或订单4小时内完成，最迟当天内完成。两者选一	曾晓静、姚美香、蒋小青、肖利曼、杨芳	刘芳、曾晓静	1. 下单错误问题流到下道工序并在未投产前被发现按5元/次处罚 2. 若已投产或出货则根据造成损失金额进行处罚。具体参见部门规定和公司规定
2	所有订单下达必须再次核对客户的采购订单或富翔正式合同与客户邮件的内容，客户这几项资料内容必须一致。详细核对的内容有：客户文件名、版本号、板材品牌要求、板厚及板厚公差、铜厚、孔铜厚、表面处理（金板注明金厚）、最小孔径、每平方米孔密度、线宽、线距、颜色要求、压合结构、订单数量、尺寸规格、拼板要求、外型复杂度及公差要求及其他特殊工艺要求和客户要求等，若发现有不一致的要求或有疑问及客户未提供的关键工艺要求，必须经书面与客户确认清楚方可输入下单信息				
3	新单、返单有更改或样转量产的订单，下单前须根据工艺要求重新建立工厂编号及更改版本号再存放工程资料，并用新建立的工厂编号命名存放。然后再将客户下单的基本工艺要求及特殊工艺要求正确无误地输入到 ERP 系统新增产品型号基本信息栏和特别信息栏中，输入完后自我认真检查确认无误递交审核				
4	打印出下单信息内容、合同、订单，提交给审核人员，同时 PMC 会组织订单评审回复准备交期，再准备回复客户交期				

七、相关动作

见《市场下单作业动作控制卡》。

八、攻关小组阶段小结会议

攻关过程中，每周一上午 10：00 针对效果和问题公开讨论，分析原因并提改善措施。

九、附则

9.1 本方案经相关人员共同商议，确定内容后正式实施，如因客观问题、攻关参数变异因素需要进行调整，则另行议定。

9.2 此次攻关过程如达成预期目标要求，则对全体参与人员奖励 300 元。

9.3 如未达成目标要求，处以组长 100 元、副组长 20 元的罚款。

9.4 本方案经批准后正式生效。

制订人：刘芳　　　　　　　　　　批准人：

6.3 变更的策划

当组织确定需要对质量管理体系进行变更时，此种变更应经策划并系统地实施（见 4.4）。

组织应考虑到：

a. 变更目的及其潜在后果；

b. 质量管理体系的完整性；

c. 资源的可获得性；

d. 责任和权限的分配或再分配。

［理解］

（1）新增加的条款，以前也是有体系变更管理的，但没有单独条款。

（2）变更指在内审、管理评审、品质异常检讨、目标达成检讨等各种评审过程中发现质量体系失效，而要求针对失控的过程进行变更，强化过程运行的有效性。

（3）体系某个环节要变更，是保证体系有效性的手段，如变更一般要申请文件变更（如表 6－7 所示）。

（4）要提供的证据：文件变更申请单。

（5）易失控点：纠正措施或改善方案中明确要求变更过程，但没有评审变更文件。

表 6－7　文件修订/废止申请单

××塑胶制品有限公司

文件修订/废止申请单

☑修订　　　　☐废止

文件名称	加料、换料作业指导书	文件编号	W－I－11－A1	版本	A1	页次	1

修订原因：

指导书上面规定的 ABS 、PA 、PC 、PU 等原材料干燥温度与实际操作时设定的温度不相符，例如规定 ABS 的温度为 80～90℃，而实际设定温度为 95℃。

原文件内容摘要/项次编号：

常使用材料之干燥时间和干燥温度：

内容＼材料	PA	PC	PET	ABS	ABS＋PC	PMMA	PPO	PPS	PBT	POM
干燥温度（℃）	80～95	100～125	90～125	80～90	90～100	75～80	100～120	110～120	100～120	65～75
干燥时间（h）	3～4	3～4	3～4	2～3	2～3	2～3	3～5	3～5	3～5	2～3

不用干燥的材料：PP、PE、PVC、CP 、TPE、PS、POM（原料）

修订后的内容：

内容＼材料	PA	PC	PU	ABS	PP 耐冲料	POM
干燥温度（℃）	80～120	100～120	90～120	80～100	100～120	75～85
干燥时间（h）	3～4	3～4	2～3	2～4	3～4	2～3

不用干燥的材料：PP、PE、TPE 、PVC

续表

<table>
<tr><td>文件名称</td><td>加料、换料作业指导书</td><td>文件编号</td><td>W－I－11－A1</td><td>版本</td><td>A1</td><td>页次</td><td>1</td></tr>
</table>

<table>
<tr><td>申请部门</td><td colspan="2">申请人</td><td colspan="2">希望生效日期</td><td colspan="2">申请部门主管</td></tr>
<tr><td></td><td colspan="2"></td><td colspan="2"></td><td colspan="2"></td></tr>
<tr><td colspan="7">修订文件评估</td></tr>
<tr><td rowspan="2">部门</td><td colspan="3">评估意见</td><td></td><td colspan="2" rowspan="2">签名</td></tr>
<tr><td>同意变更</td><td>不同意变更</td><td colspan="2">不同意变更原因</td></tr>
<tr><td></td><td></td><td></td><td colspan="2"></td><td colspan="2"></td></tr>
<tr><td></td><td></td><td></td><td colspan="2"></td><td colspan="2"></td></tr>
<tr><td></td><td></td><td></td><td colspan="2"></td><td colspan="2"></td></tr>
</table>

7. 支持

7.1 资源

7.1.1 总则

组织应确定并提供为建立、实施、保持和持续改进质量管理体系所需的资源。

组织应考虑：

a. 现有内部资源的能力和约束；

b. 需要从外部供方获得的资源。

［理解］

资源的含义增加了新的内容：知识、供应商、外包商、测量设备，含义更广。2008版的资源只包括基础设施、人力资源、工作环境。

7.1.2 人员

组织应确定并提供所需要的人员，以有效实施质量管理体系并运行和控制其过程。

[理解]

人力资源是第一资源，人员的配备也是体系有效运行的保证。

7.1.3　基础设施

组织应确定、提供和维护过程运行所需的基础设施，以获得合格产品和服务。

注：基础设施可包括：

a. 建筑物和相关设施；

b. 设备，包括硬件和软件；

c. 运输资源；

d. 信息和通信技术。

[理解]

(1) 为了满足服务行业要求，基础设施也要确保顾客愉悦，如餐厅的空调、排气扇、装饰画等。

(2) 制造行业要提供的证据：设施点检证据、设施保养计划及保养证据。

(3) 保养的重点在设备内外清洁、滑动部位的润滑、易损零件及时点检更换。

7.1.4　过程运行环境

组织应确定、提供并维护过程运行所需要的环境，以获得合格产品和服务。

注：适当的过程运行环境可能是人文因素与物理因素的结合，例如：

a. 社会因素（如无歧视、和谐稳定、无对抗）；

b. 心理因素（如舒缓心理压力、预防过度疲劳、保护个人情感）；

c. 物理因素（如温度、热量、湿度、照明、空气流通、卫生、噪声等）。

由于所提供的产品和服务不同，这些因素可能存在显著差异。

［理解］

（1）内容变化不大，为了满足服务行业要求，工作环境改为过程环境，过程环境要满足顾客满意的需要。

（2）过程环境包括如客房的温度、湿度、气味、通风、装饰等。

（3）制造行业要提供的证据：温湿度点检表、5S 检查表、静电点检表。

（4）易失控点：设备没接地、仓库物料架没有静电皮、无静电点检等。

7.1.5　监视和测量资源

7.1.5.1　总则

当利用监视或测量活动来验证产品和服务符合要求时，组织应确定并提供确保结果有效和可靠所需的资源。

组织应确保所提供的资源：

a. 适合特定类型的监视和测量活动；

b. 得到适当的维护，以确保持续适合其用途。

组织应保留作为监视和测量资源适合其用途的证据的形成文件的信息。

7.1.5.2　测量溯源

当要求测量溯源时，或组织认为测量溯源是信任测量结果有效的前提时，则测量设备时应：

a. 对照能溯源到国际或国家标准的测量标准，按照规定的时间间隔或在使用前进行校准和（或）检定（验证），当不存在上述标准时，应保留作为校准或检定（验证）依据的形成文件的信息；

b. 予以标识，以确定其状态；

c. 予以保护，防止可能使校准状态和随后的测量结果失效的调整、损坏或劣化。

当发现测量设备不符合预期用途时，组织应确定以往测量结果的有效性是否受到不利影响，必要时采取适当的措施。

［理解］

（1）对监视测量设备的检定或评价的方法考虑了服务行业的要求，如客户满意度调查表也是一种对过程质量的测量方法。

（2）针对一些测量设备要进行使用前的确认动作，确保测量设备误差控制。

（3）要提供的证据：测量与监视设备的校准计划、校准证据，如校验报告、校验标签等。

（4）内校需要内校员证书、校验标准书、误差记录。

（5）特种设备需要年检，如电梯、锅炉等设备。

（6）要提供的证据：测量设备清单、校验报告、校验标准、内校员证、内校指导书。

（7）易失控点：测量时没有考虑到测量误差，每种测量设备只校了一种，其他仪器内校没有标准等。

7.1.6 组织的知识

组织应确定运行过程所需的知识，以获得合格产品和服务。这些知识应予以保持，并在需要范围内可得到。

为应对不断变化的需求和发展趋势，组织应考虑现有的知识，确定如何获取更多必要的知识，并进行更新。

注1：组织的知识是从其经验中获得的特定知识，是实现组织目标所使用的共享信息。

注2：组织的知识可以基于：

a. 内部来源（例如知识产权，从经历中获得的知识，从失败和成功项目中得到的经验教训，得到和分享未形成文件的知识和经验，过程、产品和服务的改进结果）；

b. 外部来源（例如标准，学术交流，专业会议，从顾客或外部供方收集的知识）。

［理解］

（1）为了确保体系有效性、顾客满意，企业方必须获得一定的知识，如高分子材料注塑成型原理、微型马达设计规格、颜色配方知识、纠正措施、作业指导书、平时的一些经验和教训形成的培训资料，这些知识要保存，员工容易获得。

（2）企业方要有知识管理，以明确的流程规定知识的获取、保管、使用、变更。

（3）要提供的证据：培训教材、作业指导书、检验指导书、相关制度等。

（4）易失控点：没有识别与行业相关的知识，如塑胶成型行业没有识别成型原理的知识、高分子材料的知识，平时的品质问题形成的改善方案没有形成培训教材或写入 SOP 等。

案例：知识管理制度

第一章　总则

1. 目的和适用范围

为了对知识实行统一、有效的控制和管理，特制订本程序。本程序适用于××股份有限公司内部知识的交流和共享的管理、外部知识管理、企业知识资产的管理。

该管理制度不应与《文件和资料控制程序》发生冲突，如在执行中发生冲突，应以《文件和资料控制程序》为准则。

2. 职责

2.1 总裁办与经营管理部负责公司知识管理的协调工作。知识管理的总责任人为总裁。

2.2 总裁办负责公司所有制度文件和资料的管理。

2.3 总裁办负责公司无形资产的管理（实物可放在行政部机要室保管）。

2.4 总裁办负责信息系统的建设与管理。

2.5 人力资源部文管中心负责所有制度文件和资料的发放和记录。

2.6 所有制度文件和资料应在总裁办归档。涉及专业性较强的资料在当年由该专业部门归档保存，年度终了应统一移交总裁办保管。以后可根据文件借阅权限借阅或使用。

2.7 所有项目文档由经营管理部负责管理。

2.8 所有研发与技术文档由研发中心负责管理，研发中心应定期将文档目录交经营管理部备案。

第二章　知识的积累与交流

3. 内部知识管理信息系统的建设

3.1 建立内部信息网以便于员工进行知识交流。

3.2 利用各种知识数据库、专利数据库存放和积累信息，从而在企业内部营造利于员工生成、交流和验证知识的环境，并要求员工主动进行知识积累与交流。

3.3 内部知识系统分为不同的数据库模块，并指派不同的应用人员进行维护。

4. 内部知识的积累与交流

4.1 内部知识可分为公司信息、专业技术知识、项目积累三大类。

——公司信息包括管理制度、程序文件与公司信息公告，管理制度规定了企业各项功能的运作和发展原则及要求；程序文件用于描述各部门为实现集团经营目标开展各项工作的程序；公司信息公告是公司事件的宣传窗口，也是员工交流的园地。

——专业技术包括自动化技术知识与工程应用的经验教训积累。

——项目积累指各项目进程中的经验教训积累。

4.2 公司信息由总裁办负责收集、整理与发布。

4.3 专业技术知识分为研发、技术知识与工程应用知识两类，其中研发、技术知识由研发中心负责收集、整理与发布，每个技术人员都有责任主动完善该信息库，工程应用知识由经营管理部负责收集、整理与发布，每个项目参与工程师都有责任主动完善该信息库。

4.4 项目积累由经营管理部负责收集、整理与发布，每个项目参与人员都有责任主动完善该信息库。

5. 外部知识的积累与交流

5.1 外部知识可分为外来资料、市场信息两大类。

——外来资料包括供应商、用户和竞争对手等利益相关者的动向报告，专家、顾客意见的采集，技术动态的跟踪，行业领先者的最佳实践调查等。

——市场信息包括国家的宏观信息、行业信息、市场动态、客户信息等。

5.2 外来资料应与内部资料相融合，由公司内部信息系统负责管理传递。

5.3 外来资料由经营管理与战略发展部负责收集、整理与发布。但两部门应要求相关责任部门提供协助，相关部门有责任主动完善该信息库。

5.4 外来引用资料为公司直接引用国际、国家或行业标准及其他有关法规性文件。引用资料需经总裁办审核、总裁批准后方可公开与使用。其引用资料文字版应加盖“受控”章，列入受控范围。

5.5 所有外来资料均需标明出处。

6. 知识资产的管理

6.1 知识资产是企业无形资产的一部分，主要指公司知识产权、商誉等。

知识资产由总裁办负责收集、整理与维护。

第三章　知识的管理

7. 知识的收集、提供、发布

7.1 知识的积累与保存分部门、分责任人按公司信息系统规范的格式进行保存。文字版本资料需按规定保存到相应的部门。

7.2 所有电子资料应注明保存人、保存日期、有效期等信息。

7.3 保密文档不得擅自发布。

8. 知识的整理、更改

8.1 相关知识管理责任部门应及时对知识进行更新和修改，任何人均可提出知识文件更改的建议，由原保存人或管理者进行修改。

8.2 相关知识管理责任部门应定期对知识（包括电子文档与文件）进行整理。

8.3 一定期限后对文档要进行归档处理，保证公开资料的时间有效性。

8.4 重要文件应进行版本管理，更新后的旧版本应存档备案。

9. 知识的公开、限制与保密

9.1 相关知识管理责任部门应随时对知识（包括电子文档与文件）进行查看，并有权随时删除禁止发布或不宜发布的信息，禁止发布与不易发布的标准由相关知识管理责任部门制订。

9.2 任何人均可提出知识公开、限制与保密的建议。

9.3 知识的限制级别应由公司组织专门会议讨论不同类型知识的不同授权级别，并规定相应的使用人权限。

10. 主要相关文件

《信息系统使用规定》《文件与资料控制程序》

7.2 能力

组织应：

a. 确定其控制范围内的人员所需具备的能力，这些人员从事的工作影响质量管理体系绩效和有效性；

b. 基于适当的教育、培训或经历，确保这些人员具备所需能力；

c. 适当采取措施获得所需的能力，并评价措施的有效性；

d. 保留适当的形成文件的信息，作为人员能力的证据。

注：采取的适当措施可包括对在职人员进行培训、辅导或重新分配工作，或者招聘具备能力的人员等。

[理解]

（1）2008 版强调能力、培训、意识，2015 版则强调能力与意识，培训只是其中一种手段。

（2）新版本必须要提供人员胜任工作的证据，如工作证、上岗证、考核证据，培训记录不一定要提供（如图 6－5 所示）。

<table>
<tr><td colspan="3">东莞 XX 泡棉制品有限公司
特殊工种人员上岗证</td></tr>
<tr><td>部 门</td><td></td><td rowspan="5">相
片
粘
贴
处</td></tr>
<tr><td>职 位</td><td></td></tr>
<tr><td>姓 名</td><td></td></tr>
<tr><td>发证日期</td><td>年 月 日</td></tr>
<tr><td>有 效 期</td><td>三个月</td></tr>
<tr><td colspan="3">上岗证使用须知：
01. 严禁转借他人使用。
02. 每个季度（三个月）须交回人事部，依据考核结果发放新证。
03. 如遗失本证须立即补办，并缴交五元工本费。</td></tr>
</table>

图 6－5 上岗证

（3）能力是训练出来的，如岗位轮换、师傅带徒弟、培训。

（4）要提供的证据：面试评价表、健康证、学历证、技能证、转正考核表、年度定期考核表等（如图 6－6 所示）。

（5）易失控点：没有任职资格表（如图 6－7 所示）或员工招聘条件，员工招聘或转正没有考核证据。

7.3 意识

组织应确保其控制范围内的相关工作人员知晓：

a. 质量方针；

b. 相关的质量目标；

c. 他们对质量管理体系有效性的贡献，包括改进质量绩效的益处；

d. 不符合质量管理体系要求的后果。

东莞市HR精密电子有限公司

面试记录表

姓　名		应聘职位		面试日期		面试者	
招工途径	□1.人才市场/ □2.网络招聘/□3.厂门口/ □4.熟人介绍(介绍人_______) □/5.其他					与面试者关系	□无/□有

教育训练	1.应聘者最高学历： □小学 / □初中 / □中专 / □高中 / □大专 / □本科	3.是否有长远的职业生涯规划： □没有　□有
	2.有没有接受过管理类、专业技能等培训： □没有　□有	4.求知欲望表现为： □强烈　□一般　□无
道德素质	1.是否有以下人际交往礼节表现： □进门先敲门 □主动和面试者礼节性打招呼 □回答问题面带微笑	3.对公司现行制度的看法如何： □没有问到　□可以接受　□勉强接受　□不能接受 4.对原顾主的看法如何： □很推崇　□还可以　□没什么看法　□持诋毁态度
	2.有无故意隐瞒自身工作经历的嫌疑： □无　□有	5.是否可以接受从原顾主处进行查询了解： □可以接受　□不能接受
表达应变能力	1.普通话水平： □好(发音清楚)　□一般　□差(模糊不清，听不清)	3.对应聘职位的自信心如何： □有自信　□过于自信　□没有自信
	2.逻辑思维/表述问题能力如何： □思路很清晰、连贯，表达清楚 □思路较清晰、连贯，表达一般 □思路不清晰、连贯，吞吞吐吐	4.对问题的反映应变能力： □反应敏捷、善于应变 □反应一般、可以变通 □反应较慢、答非所问
专业技能水平	1.工作总经历____年，同行业或相关工作经验____年____月	
	2.在原工作岗位上突出的工作业绩有：	
	3.对原工作过的岗位知识了解程度：	
外语	□无要求　□CET4　□CET6　□CET8　□其他	
计算机	办公软件：□word　□excel　□powerpoint　□其他	
	专业软件：□CAD　□PRO　□其他	
	注1)：此单只用于应聘技术和管理人员； 注2)：面试内容各项目均需详细填写，专业技能项目要用数据说话	

总经理		管理课		部门主管	

表单编号:QR-C1-018 REV:2

保存期限:永久

图 6－6　面试记录表

［理解］

（1）老版本是与能力培训放在一起，现在列为单独条款，意味着新版本更加重视员工的品质意识的培训、宣传。

特殊岗位任职资格考核表

姓　　名：__________　　部　　门：__________　　岗　　位：__________

加入日期：__________　　填表日期：__________

<table>
<tr><td colspan="6">个人自评：

签名：
年　月　日</td></tr>
<tr><td rowspan="2">理论考核</td><td>优</td><td>良</td><td>中</td><td>差</td><td rowspan="8">该部门主管评审意见：

签名：
年　月　日</td></tr>
<tr><td></td><td></td><td></td><td></td></tr>
<tr><td rowspan="2">技能考核</td><td>优</td><td>良</td><td>中</td><td>差</td></tr>
<tr><td></td><td></td><td></td><td></td></tr>
<tr><td rowspan="2">工作效率</td><td colspan="2">标准（%）</td><td colspan="2">实际（%）</td></tr>
<tr><td colspan="2"></td><td colspan="2"></td></tr>
<tr><td rowspan="2">服从、团结、合作性</td><td>优</td><td>良</td><td>中</td><td>差</td></tr>
<tr><td></td><td></td><td></td><td></td></tr>
</table>

<table>
<tr><td rowspan="3">出勤、违规情况</td><td>事假（天/月）</td><td>病假（天/月）</td><td>迟到（次/月）</td><td>早退（次/月）</td><td>旷工（天/月）</td><td>违规（次/月）</td></tr>
<tr><td></td><td></td><td></td><td></td><td></td><td></td></tr>
<tr><td colspan="6">行政主管审核意见：

签名：
年　月　日</td></tr>
<tr><td colspan="7">副总经理审批意见：

签名：
年　月　日</td></tr>
</table>

NO:AD-FR-013-A

图 6－7　任职资格考核表

（2）在年度培训计划中，必须要有员工品质意识的培训、方针目标的培训及自己工作内容与不遵守规则后果的培训（如表 6－8 所示）。

（3）意识包括品质意识、成本意识、效率与速度意识、安全与健康意识，这些意识是通过培训、宣传、会议、稽查来加强的。

（4）要提供的证据：培训计划、培训签到表、宣传看板、员工手册等。

（5）易失控点：员工不知品质目标、职责，如何识别不良及不良的影响，异常处理流程。

表 6－8　年度培训计划表

项目 序号	培训内容	部门	参加人员（职务）	内/外训	授课时数	讲师	助讲	授课日期(月份)												备注
								1	2	3	4	5	6	7	8	9	10	11	12	
1	ISO9000内审员培训	行政	所有内审员	外	12	顾问公司	人事专员							▲						
2	程序文件培训	行政	所有主管	内	12	顾问公司	人事专员							▲						
3	作业指导书培训	生产	所有作业员	内	1	生产主管	人事专员							▲			▲	▲	▲	
4	检验指导书培训	品管	所有检验员	内	1	品质主管	人事专员								▲		▲	▲	▲	
5	精益生产培训	行政	所有主管	内	1	顾问公司	人事专员									▲				
6	安全生产	行政	全体作业员	内	1	行政主管	人事专员									▲				
7	消防演习	行政	全体作业员	内	2	行政主管	人事专员									▲				
8	品质意识培训	品质	全体作业员	内	2	品质主管	人事专员													
9	工序FMEA培训	品质	全体作业员	内	2	品质主管	人事专员													

核准：　　　　　　　　　　　　编制：

7.4　沟通

组织应确定与质量管理体系相关的内部和外部沟通，包括：

a. 沟通什么；

b. 何时沟通；

c. 与谁沟通；

d. 如何沟通；

e. 由谁负责。

［理解］

（1）沟通的内容、时机、对象要求明确。

（2）新版本要求明确公司会议安排、会议制度，作为公司沟通的重要手段。

（3）要提供的证据：会议记录表（如表 6－9 所示）、联络单、变更单、通知单等。

（4）易失控点：没有会议计划，没有要求回报机制，没有会议跟踪制度。

表6－9　会议记录表

<table>
<tr><td colspan="11">会议记录表</td></tr>
<tr><td colspan="2">会议主题</td><td colspan="3"></td><td colspan="2">主持人</td><td colspan="4"></td></tr>
<tr><td colspan="2">预计时间</td><td colspan="3"></td><td colspan="2">记录人</td><td colspan="4"></td></tr>
<tr><td colspan="2">实际完成时间</td><td colspan="3"></td><td colspan="2">抄送</td><td colspan="4"></td></tr>
<tr><td colspan="2">会议地点</td><td colspan="3"></td><td colspan="2">列席人数</td><td colspan="4"></td></tr>
<tr><td colspan="2">发出部门</td><td colspan="3"></td><td colspan="2">缺席人员</td><td colspan="4"></td></tr>
<tr><td colspan="2">参加人员</td><td colspan="9"></td></tr>
<tr><td colspan="2">奖罚记录</td><td colspan="9"></td></tr>
<tr><td>序号</td><td>会议决议</td><td>提出人</td><td>提出时间</td><td>责任人</td><td>计划完成日期</td><td>实际完成日期</td><td>跟进人</td><td>结果追踪</td><td>备注</td><td></td></tr>
<tr><td>1</td><td></td><td></td><td></td><td></td><td></td><td></td><td></td><td></td><td></td><td></td></tr>
<tr><td>2</td><td></td><td></td><td></td><td></td><td></td><td></td><td></td><td></td><td></td><td></td></tr>
<tr><td>3</td><td></td><td></td><td></td><td></td><td></td><td></td><td></td><td></td><td></td><td></td></tr>
<tr><td>4</td><td></td><td></td><td></td><td></td><td></td><td></td><td></td><td></td><td></td><td></td></tr>
<tr><td>5</td><td></td><td></td><td></td><td></td><td></td><td></td><td></td><td></td><td></td><td></td></tr>
<tr><td>6</td><td></td><td></td><td></td><td></td><td></td><td></td><td></td><td></td><td></td><td></td></tr>
<tr><td>7</td><td></td><td></td><td></td><td></td><td></td><td></td><td></td><td></td><td></td><td></td></tr>
<tr><td>8</td><td></td><td></td><td></td><td></td><td></td><td></td><td></td><td></td><td></td><td></td></tr>
<tr><td>9</td><td></td><td></td><td></td><td></td><td></td><td></td><td></td><td></td><td></td><td></td></tr>
<tr><td>10</td><td></td><td></td><td></td><td></td><td></td><td></td><td></td><td></td><td></td><td></td></tr>
<tr><td>11</td><td></td><td></td><td></td><td></td><td></td><td></td><td></td><td></td><td></td><td></td></tr>
</table>

制作：　　　　　　审核：　　　　　　核准：

会议记录表

会议主题	管理例会	主持人	谭老师
预计时间	60分钟	记录人	
实际完成时间		抄送	
会议地点	会议室	列席人数	
发出部门		缺席人员	
参加人员	乔小女，梁成强，蓝华龙，李志贵，张旭阳，陈海燕，刘军		
奖罚记录			

序号	会议决议	提出人	提出时间	责任人	计划完成日期	实际完成日期	跟进人	结果追踪	备注
1	KB030B00001-000ABS壳，12月底全部完成电镀，10个工作日入库，KB009B0002-000（s3）剪水口12月完成，入库后三天完成丝印，10个工作日全数入库。			全检、生管					
2	全检组每天的全检日报表，刘军统计不良率后交给生产经理，针对不良率超过3%的注明原因，提出对策。			全检、刘军，领班，生产经理					
3	领料单后面空白的要“/”掉，经理不在，生产领班确认承担责任。			仓管，领料员					
4	领班一个月不能超过2次批量不良（8%），达到两次取消奖金，达到三次或以上批量不良，降职处理。			领班					
5	《成型部安全注意事项》领班写草稿，相关主管批准，本周六完成。			领班，生产经理					
6									
7									
8									
9									
10									
11									

7.5　形成文件的信息

7.5.1　总则

组织的质量管理体系应包括：

a. 本标准要求的形成文件的信息；

b. 组织确定的为确保质量管理体系有效性所需的形成文件的信息；

注：对于不同组织，质量管理体系形成文件的信息的多少与详略程度可以不同，取决于：

——组织的规模，以及活动、过程、产品和服务的类型；

——过程的复杂程度及其相互作用；

——人员的能力。

［理解］

（1）强调质量管理体系的有效性，删除了质量手册、程序文件的要求。

（2）新版可要质量手册（如图 6－8 所示），可不要质量手册，可写纲领性文件，其内容不需要太复杂，只需明确组织架构、部门职责、体系范围及删减、委外、职能分配表、流程图。

（3）易失控点：文件抄别的企业，没有量身定做，弄得太复杂，没有针对性。

质 量 手 册				文件编号	ZS-QM-001
				发行日期	2015-2-1
版 本	A/0	管控状态	受 控	页 次	第 3 页 共 31 页

目 录

A. 颁布令

B. 企业简介

C. 质量方针、目标批准页

1. 范围

1. 1总则

1. 2应用

2. 引用标准

3. 术语和定义

4. 委外加工

5：组织架构图

6：质量管理体系过程职能分配表

品实现流程图

图 6－8 质量手册和过程控制卡

7.5.2 创建和更新

在创建和更新形成文件的信息时，组织应确保适当的：

a. 标识和说明（如标题、日期、作者、索引编号等）；

b. 格式（如语言、软件版本、图示）和媒介（如纸质、电子格式）；

c. 评审和批准，以确保适宜性和充分性。

［**理解**］

（1）文件管理描述更简捷，做法没有改变，文件的形式可用电子档或其他媒介。文件可用电子档在公司内部发行，但签收记录要有。

（2）文件的格式，如字体、排版等要统一，必须保证同一类文件格式一致，如 SOP 格式一致、程序文件格式一致等。

（3）易失控点：电子档文件没有受控。

7.5.3 形成文件的信息的控制

7.5.3.1 应控制质量管理体系和本标准所要求的形成文件的信息，以确保：

a. 无论何时何处需要这些信息，均可获得并适用；

b. 予以妥善保护（如防止失密、不当使用或不完整）。

7.5.3.2 为控制形成文件的信息，适用时组织应关注下列活动：

a. 分发、访问、检索和使用；

b. 存储和防护，包括保持可读性；

c. 变更控制（比如版本控制）；

d. 保留和处置。

对确定策划和运行质量管理体系所必需的来自外部的原始的形成文件的信息，组织应进行适当识别和控制。

应对所保存的作为符合性证据的形成文件的信息予以保护，防止非预期的更改。

注：形成文件的信息的“访问”可能意味着仅允许查阅，或者意味着允许查阅并授权修改。

［理解］

（1）不再要求做 6 个程序文件、文件记录管理、纠正预防措施、内审、不合品管理。

（2）强调了文件要保密，防止外传，特别是客户工程资料不能直接发给供应商。工程资料用完要回收，现场使用人不可带出企业外。文件发行要及时，不能影响生产、委外、打样。

（3）要识别外来文件，形成外来文件清单，如产品相关法律法规、相关要求、客户工程资料、ISO9001 相关标准，都是外来文件。

（4）文件变更要有变更申请、变更履历表，旧版文件要及时回收，不可随意散发在使用现场。

（5）要提供的证据：受控文件清单、外来文件清单、表格总清单、文件发行回收记录、文件变更履历、文件变更申请单。

（6）易失控点：与产品相关外来文件没有识别，如 UL、CE 等。文件变更后，旧版文件没有回收。

8. 运行

8.1　运行策划和控制

组织应通过采取下列措施，策划、实施和控制满足产品和服务要求所需的过程（见 4.4），并实施第 6 章所确定的措施：

a. 确定产品和服务的要求；

b. 建立下列内容的准则：

①过程；

②产品和服务的接收；

c. 确定符合产品和服务要求所需的资源；

d. 按照准则实施过程控制；

e. 在需要的范围和程度上，确定并保持、保留形成文件的信息：

①证实过程已经按策划进行；

②证明产品和服务符合要求。

策划的输出应适合组织的运行需要。

组织应控制策划的更改，评审非预期变更的后果，必要时采取措施消除不利影响。

组织应确保外包过程受控（见 8.4）。

［理解］

（1）有新增内容，但和老版本 7.1 有相似处。

（2）强调质量管理体系策划时，要考虑到产品的变更、过程的外包。

（3）如果是外包，要有外包的控制方案，如给客户图纸和验货标准。

（4）一个新项目的实现过程，包括项目确定、工艺转化与打样、送样确认、小批量试产、转量产等阶段。小批量试产时，要输出生产、检验需要的文件与工装。

（5）新项目导入过程中，出现的任何变更要留下证据，或变更文件或图纸。

（6）要提供的证据：QC 工程图、变更履历、打样记录、试产记录。

（7）易失控点：新项目导入时，变更没有留下证据，转量产没有评审等。

8.2　产品和服务的要求

8.2.1　顾客沟通

与顾客沟通的内容应包括：

a. 提供有关产品和服务的信息；

b. 处理问询、合同或订单，包括变更；

c. 获取有关产品和服务的顾客反馈，包括顾客抱怨；

d. 处置或控制顾客财产；

e. 关系重大时，制订有关应急措施的特定要求。

［理解］

（1）增加了要按策划的安排与客户沟通的条款，最好有一个拜访计划，有报价或订单时肯定要与客户沟通。

（2）沟通的内容包括客户财产的处理，与老版本一致。

（3）在服务行业，存在特殊情况时要与客户沟通应急方案，如不小心水洒在客户身上、菜里有虫子等。

（4）沟通包括售前、售中、售后沟通。售前主要是打样、产品规格要求、价格、交期、数量等方面的沟通，有必要时还包括审厂事项等沟通；售中主要指交货进度的沟通；售后主要是工程变更、交货安排、客户投诉与退货的沟通。

（5）要提供的证据：客户财产异常沟通证据、客户投诉退货单处理证据、客户询价单等。

8.2.2　与产品和服务有关的要求的确定

在确定向顾客提供的产品和服务的要求时，组织应确保：

a. 产品和服务的要求得到规定，包括：

①适用的法律法规要求；

②组织认为的必要要求。

b. 其所提供的产品和服务能够满足组织声称的要求。

［理解］

（1）变化不大，主要指要识别客户要求，包括产品相关要求，如环保、安全。

（2）提供证据：客户订单、购销合同。

8.2.3　与产品和服务有关的要求的评审

8.2.3.1　组织应确保有能力满足向顾客提供产品和服务的要求。在承诺向顾客提供产品和服务之前，组织应对如下各项要求进行评审：

a. 顾客规定的要求，包括对交付及交付后活动的要求；

b. 顾客虽然没有明示，但规定的用途或已知的预期用途所必需的要求；

c. 组织规定的要求；

d. 适用于产品和服务的法律法规要求；

e. 与先前表述存在差异的合同或订单要求。

若与先前合同或订单的要求存在差异，组织应确保有关事项已得到解决。若顾客没有提供形成文件的要求，组织在接受顾客要求前应对顾客要求进行确认。

注：在某些情况下，如网上销售，对每一个订单进行正式的评审可能是不实际的，作为替代方法，可对有关的产品信息如产品目录、产品广告内容进行评审。

8.2.3.2 适用时，组织应保留下列形成文件的信息：

a. 评审结果；

b. 针对产品和服务的新要求。

［理解］

（1）变化不大，强调了针对客户要求要达成一致意见。

（2）客户要求评审不仅是针对合同或订单的评审，也可以是针对客户相关信息的评审。

（3）评审不能由一个人进行，制造行业新机种要业务部、工程部、品质部、PMC 部都参与评审，常规机种要 PMC 部与业务部进行评审，主要是评交期。

（4）服务行业评审，如酒店，一般由前台或点菜员进行评审，识别客户要求，如有特殊情况，请示上司。

（5）口头订单也要评审，书面确认即可。

（6）提供的证据：合同评审记录表（如表 6－10 所示）、客户订单或生产制令单、交期分解表。

（7）易失控点：只有客户原始订单，没有相关部门的评审和签字。

表 6－10　合同评审记录表

顾客名称	岳阳××机械制造有限责任公司	产品名称	钥匙凸点盖/北汽徽标/双色按键盖	型号规格	
订货数量	500SET（试产）	订货日期	2015. 07. 01	交货日期	2015. 07. 25 前
PMC 或业务	签字：　　日期：				
工程	签字：　　日期：				
采购	签字：　　日期：				
生产	签字：　　日期：				
品管	签字：　　日期：				
评审结论					

8. 2. 4　产品和服务要求的更改

若产品和服务要求发生更改，组织应确保相关的形成文件的信息得到修改，并确保相关人员知道已更改的要求。

［理解］

当客户要求变更时，要有订单变更通知单或新版生产计划。

8. 3　产品和服务的设计和开发

8. 3. 1　总则

组织应建立、实施和保持设计和开发过程，以便确保后续的产品和服务的提供。

8. 3. 2　设计和开发策划

在确定设计和开发的各个阶段及其控制时，组织应考虑：

a. 设计和开发活动的性质、持续时间和复杂程度；

b. 所要求的过程阶段，包括适用的设计和开发评审；

c. 所要求的设计和开发验证及确认活动；

d. 设计和开发过程涉及的职责和权限；

e. 产品和服务的设计和开发所需的内部和外部资源：

f. 设计和开发过程参与人员之间接口的控制需求；

g. 顾客和使用者参与设计和开发过程的需求；

h. 后续产品和服务提供的要求；

i. 顾客和其他相关方期望的设计和开发过程的控制水平；

j. 证实已经满足设计和开发要求所需的形成文件的信息。

［理解］

（1）在产品前期策划时，要考虑到风险，包括工艺风险、工装模具风险、仓储风险、运输风险等（如表6－11所示）。

（2）这个条款与TS16949的APQP产品先期质量策划相似。

（3）强调了产品实现全过程要建立绩效数据，如这个项目的不良率、成本、准时交货率等。

（4）强调项目的追溯性，客户在使用出现异常时能否追溯到材料、供方、外包方、生产设备、模具等。

（5）强调产品交货到客户后的追回、保修问题。

（6）新项目策划包括项目确定、项目打样与承认、项目试产前准备、项目试产与PPAP、项目量产跟进。

（7）要提供的证据：设计开发计划、设计开发职责、设计开发评审报告。

（8）易失控点：设计开发计划没有跟进证据，设计开发前期没有进行风险评审。

表6－11　可行性评估报告

可行性评估报告

项目名称	HKH黄铜片	评估日期	2014.6.4	项目编号 HKH-20140605
评审人员	王峰，唐晨，王忠，张柏园，彭勃，赵四容			
序号	评审项目	要求	风险	控制方案
1	质量保证	1.4和4.8尺寸特殊尺寸，测量设备针规和游标卡尺寸(0.02)其它尺寸非关键尺寸.	1.4和4.8尺寸影响到装配,要求过程能力达到1.33以上	针对1.4和4.8尺寸用X-R图控制
2	产能与交期	常规交货周期25天预估2000PCS/年.	无风险	按常规流程
3	材料与采购	用铜料H62,采购周期5天	无风险	按常规流程
4	法律法规ROHS	按ROHS2.0标准	风险低	按常规流程,电镀和铜材厂商提供ROHS报告
5	成本控制	开发成本5000元,制造成本0.10元	模具费用客户出,样品材料预估100元,成本风险低	有开发价值
6	工艺	来料检验—冲压—电镀(外发)—成品检验—包装—出货	冲压模机容易,冲压不良0.1%以下,电镀喷锡,工艺简单,不良0.1%以下.	按常规流程
7				
综合评估结果：■ 可行　□ 不可行　□ 可行（需修订）				

8.3.3　设计和开发输入

组织应针对具体类型的产品和服务，确定设计和开发的基本要求。组织应考虑：

a. 功能和性能要求；

b. 来源于以前类似设计和开发活动的信息；

c. 法律法规要求；

d. 组织承诺实施的标准和行业规范；

e. 由产品和服务性质所决定的、失效的潜在后果。

设计和开发输入应完整、清楚，满足设计和开发的目的。

应解决相互冲突的设计和开发输入。

组织应保留有关设计和开发输入的形成文件的信息。

[理解]

（1）设计输入主要指客户提供的样品、图纸、要求。要求包括行业要求或法律法规要求，如ROHS、安规要求。

（2）要提供的证据：客户原始的图纸或书面要求、环保或安规要求、功能性能要求、样品等。

8.3.4 设计和开发控制

组织应对设计和开发过程进行控制，以确保：

a. 规定拟获得的结果；

b. 实施评审活动，以评价设计和开发的结果满足要求的能力；

c. 实施验证活动，以确保设计和开发输出满足输入的要求；

d. 实施确认活动，以确保产品和服务能够满足规定的使用要求或预期用途要求；

e. 针对评审、验证和确认过程中确定的问题采取必要措施；

f. 保留这些活动的形成文件的信息。

注：设计和开发的评审、验证和确认具有不同目的。根据组织的产品和服务的具体情况，可单独或以任意组合进行。

［**理解**］

（1）变化不大，评审主要指设计前的评审、识别风险与设计方案。

（2）验证主要指试模、试产、试用、功能性测试等。

（3）确认一般指通过成品来确认，如通过组装的成品测试、试用和客户评价来确认。加工行业设计确认一般由客户做最终确认。

（4）要提供的证据：客户 FAI、试模报告、测试报告、试产报告、可靠性测试报告、各种试验报告、设计输入评审报告、试产评审报告等。

（5）易失控点：没有进行设计前期风险评审，设计验证后没有评审。

8.3.5 设计和开发输出

组织应确保设计和开发输出：

a）满足输入的要求；

b）对于产品和服务提供的后续过程是充分的；

c）包括或引用监视和测量的要求，适当时包括接收准则；

d）规定对于实现预期目的、保证安全和正确提供（使用）所必需的产品和服务特性。

组织应保留有关设计和开发输出的形成文件的信息。

［理解］

（1）输出包括：SOP、包装仕样书、检验指导书、图纸、测试报告、试验报告、工艺流程图、材料清单等。

（2）易失控点：输出不全、没有 BOM、没有标准工时、没有 SOP、没有包装规范等。

8.3.6 设计和开发更改

组织应识别、评审和控制产品和服务设计和开发期间及后续所做的更改，以便避免不利影响，确保符合要求。

组织应保留下列形成文件的信息：

a）设计和开发变更；

b）评审的结果；

c）变更的授权；

d）为防止不利影响而采取的措施。

［理解］

（1）在评审后、验证后、确认后，都可能产生变更，变更记录要留下，图纸要有变更履历。

（2）变更前与变更后的文件都要保存。

（3）变更后要重新评审、验证、确认。

（4）要提供的证据：变更履历、变更通知单。

8.4 外部提供过程、产品和服务的控制

8.4.1 总则

组织应确保外部提供的过程、产品和服务符合要求。

在下列情况下，组织应确定对外部提供的过程、产品和服务实施的

控制：

a）外部供方的过程、产品和服务构成组织自身的产品和服务的一部分；

b）外部供方替组织直接将产品和服务提供给顾客；

c）组织决定由外部供方提供过程或部分过程。

组织应基于外部供方提供所要求的过程、产品或服务的能力，确定外部供方的评价、选择、绩效监视及再评价的准则，并加以实施。对于这些活动和由评价引发的任何必要的措施，组织应保留所需的形成文件的信息。

［理解］

（1）条款拆分，要求没变，只是描述更严谨。外部供方包括委外校验供方、测量或试验供方、运输供方、委外加工供方、原材料与辅料供方。

（2）贸易商要注明代理品牌。

（3）要提供的证据：合格供应商清单、供应商调查表、供应商营业执照与税务登记证、供应商现场审核报告、供应商定期考评表、供应商年度审核报告等。

（4）易失控点：没有把协助检测、模具与治具、运输、校正的供应商列为合格供方，没有对其能力进行调查。

8.4.2　控制类型和程度

组织应确保外部供方提供的过程、产品和服务不会对组织稳定地向顾客交付合格产品和服务的能力产生不利影响。

组织应：

a）确保外部供方提供的过程保持在其质量管理体系的控制之中；

b）规定对外部供方的控制及其输出结果的控制；

c）考虑：

1）外部提供的过程、产品和服务对组织稳定地提供满足顾客要求和适用的法律法规要求的能力的潜在影响；

2）外部供方自身控制的有效性。

d）确定必要的验证或其他活动，以确保外部供方提供的过程、产品和服务满足要求。

［理解］

（1）针对采购与委外加工厂商，要求保存评审记录。

（2）选择供应商或外包商时，必须考虑到交期、品质的风险。对不同的风险采用不同的控制方式，如现场评审、付款方式、检验的严格程度、抽检或全检等。

（3）提供的证据：供应商评审表、供应商年度现场评审表、供应商定期考核表、供应商合作协议书等。

（4）易失控点：对重要的委外厂商没有进行评审、考核。

8.4.3　外部供方的信息

组织应确保在与外部供方沟通之前所确定的要求是充分的。

组织应与外部供方沟通以下要求：

a）所提供的过程、产品和服务；

b）对下列内容的批准：

1）产品和服务；

2）方法、过程和设备；

3）产品和服务的放行。

c）能力，包括所要求的人员资质；

d）外部供方与组织的接口；

e）组织对外部供方绩效的控制和监视；

f）组织或其顾客拟在外部供方现场实施的验证或确认活动。

［理解］

（1）这一条款与老版本采购信息相似，要求采购订单或合同要写清楚内容。

（2）在采购合同或订单中，可能会明确供方质量体系的要求、PPAP 的要求、供应商交货绩效的要求、抽样方式与接收准则、货物验收的地点、运输与包装、标识要求、退货要求等（如表 6－12 所示）。

（3）提供证据：采购合同、图纸、订购单、申购单、物料需求计划、供方送货单。

表 6－12 订购单

东莞市 XX 塑料制品有限公司

地址：东莞市清溪香芒西路

电话：××××××　　传真：××××××

网址：www. champoncn. cn　　邮箱：cp@ campioncn. cn

订购单

供应商：　　订购单号：

联系人：　　订购日期：

电话：　　交货日期：

传真：　　申购单号：

No.	品名	规格	数量	单价 RMB	金额	备注

合计金额：

付款方式：□到付现金　□月结 30 天　□月结 60 天

交货地址：东莞市清溪香芒西路

备注：请准时交货

1. 供应商必须保证所送货品符合订单的型号规格或买方所提供的样品。

2. 所交货物须经本公司 IQC 检验合格方可承认，若因品质不良所造成的一切损失概由供应商负责。

3. 如交货期有变请及时通知我公司，否则所造成的损失由贵公司负责。

4. 如有来料不良要求退货时，自通知日起十天内不取回者，一律作报废处理并直接扣除货款。

5. 所有原材料的有毒物质必须符合欧美标准，若因超标所产生一切责任由供应商承担。

6. 此单确认后请回传我司。

东莞市××塑料制品有限公司

8.5 生产和服务提供

8.5.1 生产和服务提供的控制

组织应在受控条件下进行生产和服务提供。适用时，受控条件应包括：

a）可获得形成文件的信息，以规定以下内容：

1）所生产的产品、提供的服务或进行的活动的特征；

2）拟获得的结果。

b）可获得和使用适宜的监视和测量资源；

c）在适当阶段实施监视和测量活动，以验证是否符合过程或输出的控制准则及产品和服务的接收准则；

d）为过程的运行提供适宜的基础设施和环境；

e）配备具备能力的人员，包括所要求的资格；

f）若输出结果不能由后续的监视或测量加以验证，应对生产和服务提供过程实现策划结果的能力进行确认和定期再确认；

g）采取措施防止人为错误；

h）实施放行、交付和交付后活动。

[理解]

（1）增加了几个要求，例如对所有生产服务过程——人、机、料、法环节的控制规范、对生产或服务人员能力的资质要求、对人为错误的预防方法等，而不仅是特殊过程。

（2）其他与老版本一样，生产工序要有首检、巡检、自检、SOP、SIP、图纸、BOM、生产指令单或生产计划，工艺参数要点检。

（3）组织要设计措施来预防由于人员的疏忽大意导致加工错误或批量不良、短装的情况，如为了防止印错面，如果放反了，产品就放不下去；如果机台上员工的手没有从机台模具危险区出来，模具就合不上等。

（4）要提供的证据：设备点检表、人员上岗证、首检报告、领料单、作业指导书、不良品盒、现场清洁、自检工具。

（5）易失控点：员工不懂自检要求，加工参数与 SOP 对不上。

8.5.2　标识和可追溯性

需要时，组织应采用适当的方法识别输出，以确保产品和服务合格。

组织应在生产和服务提供的整个过程中按照监视和测量要求识别输出状态。若要求可追溯，组织应控制输出的唯一性标识，且应保留实现可追溯性所需的形成文件的信息。

［理解］

（1）强调过程的输出，各工序、各活动都有过程输出，过程输出要标示，标示包括检验状态、合格、不合格、选别、特采等。临时存放在仓库、服务地点、生产地点的产品都要标示其状态、品名、规格、数量和工序等（如表 6－13 所示）。

表 6－13　状态标示卡

状态标示卡			
已		待	
型号			
数量			

（2）追溯性一般用批号管理来追溯，要从成品追溯到原材料批次，从原材料追溯到成品，便于召回。

（3）要提供的证据：现场的标示、批号追溯证据。

（4）易失控点：当出现客户投诉时，没办法追溯到原材料批次或当时加工参数，如温度等。

8.5.3　顾客或外部供方的财产

组织在控制或使用顾客或外部供方的财产期间，应对其进行妥善管理。对组织使用的或构成产品和服务一部分的顾客和外部供方财产，组织应予以识别、验证、保护和维护。

若顾客或外部供方的财产发生丢失、损坏或发现不适用情况，组织应向顾客或外部供方报告，并保留相关形成文件的信息。

注：顾客或外部供方的财产可能包括材料、零部件、工具、设备、场所、知识产权和个人信息。

［理解］

（1）顾客财产延伸为外部供方财产。

（2）顾客或供方财产包括秘密、知识产权、私人信息，如医院看病，病人得什么病是顾客财产；供方送货的车子要保护；回收的周转箱也要保护。

（3）要提供的证据：供方财产、客户财产保管的证据，最好有文件化的制度。

（4）易失控点：现场的客供物料没有标示、隔离。

8.5.4　防护

组织应在生产和服务提供期间对输出进行必要防护，以确保符合要求。

注：防护可包括标识、处置、污染控制、包装、储存、传输或运输及保护。

［理解］

（1）强调服务提供期间任何有形过程的输出都要防护，如酒店停车场所的路碍、标示牌等，酒店客房提供的电视、杯子等。

（2）防护的方式包括标示（轻拿轻放）、正确使用、有效的包装、贮存的环境等。

（3）提供的证据：入库单、领料单或发料单、退补料单、温湿度点检记录、先进先出证据、呆滞料证据、账与实物一致证据、限高证据、标示证据。

（4）易失控点：仓库没有对产品进行有效保护，易氧化、变质，账物不一致。

8.5.5 交付后的活动

组织应满足与产品和服务相关的交付后活动的要求。

在确定交付后活动的覆盖范围和程度时，组织应考虑：

a）法律法规要求；

b）与产品和服务相关的潜在不期望的后果；

c）其产品和服务的性质、用途和预期寿命；

d）顾客要求；

e）顾客反馈。

注：交付后活动可能包括担保条款所规定的相关活动，诸如合同规定的维护服务，以及回收或最终报废处置等附加服务等。

［理解］

（1）这个条款是新增加的，强调售后服务的要求，处理客户退货、客户投诉及协助客户变更。

（2）要提供的证据：售后服务证据、售后服务相关规范、客户退货单、客户投诉报告。

（3）易失控点：没有售后服务文件，客户投诉没有及时处理。

案例：售后服务的方案

1. 产品售后服务承诺及有关说明

1.1 对产品售后服务在规定质保期内属本公司制造、安装质量问题，公司负责无偿维修或退换。

1.2 我公司提供免费维保时间为交付使用后 1 年，在此期间内因设备质量出现问题由我公司负责维修调试。发生的维修费用及不合格部件的更换费用均由我公司承担，造成其他损失的，我方将独立承担。

1.3 货物交付使用后，我公司将对产品进行跟踪服务。商务处专门设立了顾客档案卡和投诉电话，以更好地为顾客提供满意的服务。我公司在每年的夏季、冬季派专业维修服务人员到用户方进行回访并协助用户进行产品检修和维修。

1.4　由于顾客使用不当等原因造成的产品损坏，由公司当事销售人员与顾客签订维修合同，根据维修合同，技术维修组负责如期完成维修任务。

1.5　除质保期内的售后服务外，本公司同时负责质保期后的设备维修工作，但其售后服务费用由需方承担。

2. 售后服务的实施方案（细则）

2.1　产品售后服务工作程序

2.1.1　本公司对产品出厂后进行的调试验收及运行过程的服务直至产品合格并经需方认可后所做的工作，即为产品的售后服务工作。

2.1.2　售后服务部根据客户的要求，详细询问所发生的质量问题及顾客要求填写《售后服务工作联络单》，必要时派技术维修人员到现场了解情况。

2.1.3　售后服务部根据维修方案，并视其工作量的大小合理调派售后服务人员立即到达客户现场。

2.1.4　售后服务人员到达客户现场后，请需方技术人员对维修方案进行确认。如有异议，由生产技术部组织相关部门协调解决。

2.1.5　现场服务时售后服务人员按双方确认的方案组织实施。服务结束后，提请需方对服务项目进行验收认可，并在《售后服务联络单》上签署意见。售后服务人员应主动询问需方对我公司产品质量及服务质量的具体要求或改进意见。

2.2　售后服务内容

包括产品的安装调试工作、设备运行操作和维护保养人员的指导培训工作、保修期内涉及产品质量问题或安装质量问题的维修工作。

2.3　重大项目服务规定

2.3.1　在用户单位就近设立售后服务联络点，配备具有一定资质、经验丰富的售后服务人员负责进行产品运行前的操作、维护、保养培训工作，并提供在保修期内的维修保养计划书。

2.3.2 对质保期内的产品进行定期免费保养，同时对产品运行情况进行认真地检查和记录。

2.3.3 视产品运行情况，可派员连续跟班服务 90 天（自产品投入运行日起），直至产品正常投入运行。

2.4 产品质量回访工作要求

2.4.1 售后服务部每年以信访形式了解产品运行情况及顾客的要求、意见和建议，并把有关信息反馈至公司相关职能部门。

2.4.2 对于重大工程项目及重点顾客，必要时由售后服务部派专人进行走访，对走访中获得的信息、意见及改进要求进行记录整理，并在回公司后写出《走访报告》交办公室并抄送相关职能部门，以利于产品质量的不断改进和提高。

3. 在售后服务期内，公司可提供以下服务项目

3.1 定期回访自项目竣工合格之日起，定期主动对用户进行回访，间隔不超过 6 个月，形式为走访或远程联络。

3.2 接受用户意见，建立用户及项目售后服务档案。各相关部门接受用户来访、来电、传真、电子邮件等，在 2 小时内做出快速响应，并把有关信息记入《售后服务单》，建立用户及项目售后服务档案，待售后服务工作完成后存档到计划经营部项目合同档案中。

3.3 指导维护与故障、问题解决跟踪项目运行情况，指导用户日常维护与正确操作，收集运行信息，以便及早发现和排除故障、问题隐患，同时在出现故障、问题时也能及时、准确地分析和解决。当故障或问题发生时，售后服务负责人应立刻组织人员进行售后服务，响应时间不超过 2 小时，根据情况选择解决方式，如需现场解决故障和问题，本地区（本省之内）24 小时内到达现场处理，外地（外省）48 小时到达现场处理，特殊情况与用户沟通决定。

3.4 及时收集整理各合同项目《售后服务单》所列问题，反馈到各相关部门，推进提升各项业务水平，1 个月内检验各相关部门工作落实情况。

4. 做好配件的储备

目前维修配件还不完善，有一些设备还得寄送给昆山维修部，这样就增加了维修时间。现在力争所有配件国产化，既缩短了维修时间，也提高了维修利润额，客户信誉度也得到了提高。

5. 文档的整理

（1）维修配件的图片；

（2）出库安装流程的组图；

（3）故障分析的总结；

（4）维修流程。

6. 定期巡检，做好电话回访

（1）加强服务客户的质量；

（2）了解客户的需求量；

（3）更好地与客户沟通；

（4）做到一对一服务。

8.5.6 更改控制

组织应对生产和服务提供的更改进行必要的评审和控制，以确保稳定地符合要求。

组织应保留形成文件的信息，包括有关更改评审结果、授权进行更改的人员及根据评审所采取的必要措施。

［理解］

（1）新版本 ISO9001 重视风险管理、变更管理，列单独条款要求。

（2）这里的变更指产品工程变更，设计变更，变更可能来自客户，也可能来自各部门，要求与老版本一样。

（3）要提供的证据：工程变更申请单、工程变更通知单（如表 6－14 所示）。

表 6－14　变更通知单

变更通知单（ECN）

ECN 编号：　　　　　　　　　　　　　　　　　　ECN 发行日期：

<table>
<tr><td>产品名称</td><td colspan="2"></td><td colspan="2">材质及规格</td><td></td></tr>
<tr><td>ECN 生效日期</td><td colspan="2"></td><td colspan="2">页码/总页数</td><td></td></tr>
<tr><td>工程变更原因</td><td colspan="5"></td></tr>
<tr><td>工程变更前内容</td><td colspan="5"></td></tr>
<tr><td>工程变更后内容</td><td colspan="5"></td></tr>
<tr><td>相应 ECR 编号</td><td></td><td>ECR 提案人员</td><td></td><td>ECR 发出部门</td><td></td></tr>
<tr><td colspan="6">需更改的文件和流程</td></tr>
<tr><td colspan="6">No.　　变更文件/流程　　措施　　责任部门　　要求完成日期</td></tr>
<tr><td colspan="6"></td></tr>
<tr><td colspan="6">在制品、库存品、外发加工品、外购品的处理方法</td></tr>
<tr><td colspan="6">在制品处理方法：□可用 □返修 □报废 □待处理　负责人：__________要求完成日期：__________
库存品处理方法：□可用 □返修 □报废 □待处理　负责人：__________要求完成日期：__________
外购品处理方法：□可用 □返修 □报废 □待处理　负责人：__________要求完成日期：__________
外发加工品处理方法：□可用 □返修 □报废 □待处理　负责人：__________要求完成日期：__________</td></tr>
<tr><td colspan="6">处理方法详细说明：</td></tr>
</table>

续表

<table>
<tr><td>产品名称</td><td></td><td>材质及规格</td><td></td></tr>
<tr><td colspan="4">ECN 涉及部门（分发签收）
☐ 工程部＿＿＿＿＿ ☐ 生产部＿＿＿＿＿ ☐ 品质部＿＿＿＿＿
☐ 市场部＿＿＿＿＿ ☐ 仓库＿＿＿＿＿ ☐ 其它＿＿＿＿＿</td></tr>
</table>

制作： 审核： 批准： 表格编号：HHC－GC－QR－031－B

日期： 日期： 日期：

8.6 产品和服务的放行

组织应在适当阶段实施策划的安排，以验证产品和服务的要求已被满足。

除非得到有关授权人员的批准，适用时得到顾客的批准，否则在策划的安排已圆满完成之前，不应向顾客放行产品和交付服务。

组织应保留有关产品和服务放行的形成文件的信息。形成文件的信息应包括：

a）符合接收准则的证据；

b）授权放行人员的可追溯信息。

［理解］

（1）这个条款相当于老版本 8.2.4 检验与实验条款。

（2）服务行业也要监视、检验动作，如客户接受服务完成后，进行客户满意度调查；管理人员对客房温湿度、气味的检验；管理人员对酒店服务人员动作、语言的监督等。

（3）要有检验指导书、检验基准书或图纸，有首检、巡检、全检、出货检记录。检验项目、抽样数量、接收准则要与标准一致。紧急放行需要公司指定人员批准，有必要还要客户批准。

（4）要提供的证据：来料检验标准与记录、制程检验标准与记录、成品检验标准与记录、出货检验记录、工程图、抽样计划、QC 工程图。

（5）易失控点：检验报告上检验项目与指导书不相符，抽样数据不对。

8.7　不合格输出的控制

8.7.1　组织应确保对不符合要求的输出进行识别和控制，以防止非预期的使用或交付。

组织应根据不合格的性质及其对产品和服务的影响采取适当措施。这也适用于在产品交付之后发现的不合格产品，以及在服务提供期间或之后发现的不合格服务。

组织应通过下列一种或几种途径处置不合格输出：

a）纠正；

b）对提供产品和服务进行隔离、限制、退货或暂停；

c）告知顾客；

d）获得让步接收的授权。

对不合格输出进行纠正之后应验证其是否符合要求。

8.7.2　组织应保留下列形成文件的信息：

a）有关不合格的描述；

b）所采取措施的描述；

c）获得让步的描述；

d）处置不合格的授权标识。

［理解］

（1）对制造企业来说，这个条款没多大变化，但改版后越来越接近服务行业的要求。

（2）当服务不满意时，组织要采取有效措施确保顾客满意，如理赔、赠送服务、免单等。

（3）新版本对不合格的处理方式更加明确，如返修、降级、特采、延长服务时间、重新提供服务等。

（4）提供的证据：报废单、维修记录、特采早请单、选别记录、退货单。

（5）易失控点：生产中的不良没有注明处理方式。

9. 绩效评价

9.1 监视、测量、分析和评价

9.1.1 总则

组织应确定：

a）需要监视和测量的对象；

b）确保有效结果所需要的监视、测量、分析和评价方法；

c）实施监视和测量的时机；

d）分析和评价监视和测量结果的时机。

组织应评价质量管理体系的绩效和有效性。组织应保留适当的形成文件的信息，作为结果的证据。

［理解］

（1）针对质量体系的风险，策划监视、测量的方法和手段，如定期稽查、内审、目标统计、管理评审等。

（2）要设定评价质量体系的指标，如准时交货率、执行率、直通率、客户满意率等。

（3）监视、测量的结果要保留证据。

（4）内审、管理评审、目标统计、数据分析结果的记录要保存下来，当作符合体系要求的证据。

9.1.2 顾客满意

组织应监视顾客对其需求和期望获得满足的程度的感受。组织应确定这些信息的获取、监视和评审方法。

注：监视顾客感受的例子可包括顾客调查、顾客对交付产品或服务的反馈、顾客会晤、市场占有率分析、赞扬、担保索赔和经销商报告。

［理解］

（1）明确了顾客满意度调查是听顾客的声音、建议与意见，不是单纯做一个满意度调查表。

（2）得到顾客的满意与不满意的数据要分析，从中找到一些改善的方向。

（3）新版本 ISO9001 只做个满意度调查表肯定是不行的，需要收集到客户反馈的信息，评价这些数据，明确哪些是弱点、哪些是重点改进的方向，还要有改善的方法。

（4）易失控点：没有考虑到客户满意度和客户满意率的不良，没有对客户反馈的问题形成改善对策。

9.1.3　分析与评价

组织应分析和评价通过监视和测量获得的适宜数据和信息。

应利用分析结果评价：

a）产品和服务的符合性；

b）顾客满意程度；

c）质量管理体系的绩效和有效性；

d）策划是否得到有效实施；

e）针对风险和机遇所采取措施的有效性；

f）外部供方的绩效；

g）质量管理体系改进的需求。

注：数据分析方法可包括统计技术。

［**理解**］

（1）强调数据分析要策划出适当有效的方法，如 X – R 图、柏拉图、推移图。

（2）强调数据分析，更要评价好与不好，以及哪些地方要改善，而不是单纯做个图表。

（3）这些数据在管理评审时要评审到。

（4）以往很多企业在这个条款只有目标统计表，没有生产月报、品质月报分析报告，现在肯定是不行的。需要分析，找到改进的重点，如某一个部门、某一种不良或某一个产品。

（5）案例如图 6 – 9 所示，只有数据，没有分析，应与上周进行比对，给全公司员工一个说法，是进步了还是退步了，找出不良率最高的三个机种进行重大改善。

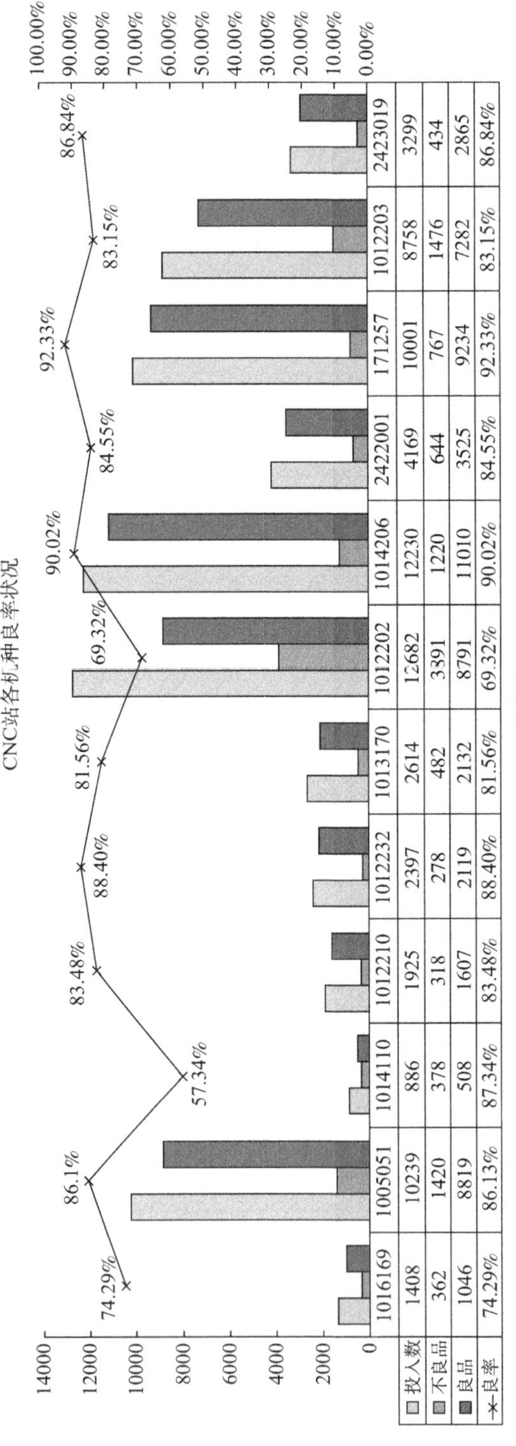

	1016169	1005051	1014110	1012210	1012232	1013170	1012202	1014206	2422001	171257	1012203	2423019
投人数	1408	10239	886	1925	2397	2614	12682	12230	4169	10001	8758	3299
不良品	362	1420	378	318	278	482	3391	1220	644	767	1476	434
良品	1046	8819	508	1607	2119	2132	8791	11010	3525	9234	7282	2865
良率	74.29%	86.13%	87.34%	83.48%	88.40%	81.56%	69.32%	90.02%	84.55%	92.33%	83.15%	86.84%

图6-9　良率状况图

（6）要提供的证据：品质或生产周报、月报等。

（7）易失控点：没有去找主要问题、三大不良，对主要不良的机种，没有形成改善对策。

9.2　内部审核

9.2.1　组织应按照策划的时间间隔进行内部审核，以提供有关质量管理体系的下列信息：

a）是否符合：

1）组织自身的质量管理体系要求；

2）本标准的要求。

b）是否得到有效的实施和保持。

组织应：

a）策划、建立、实施和保持一个或多个审核方案，包括审核的频次、方法、职责，策划审核的要求和报告审核结果。审核方案应考虑质量目标、相关过程的重要性、关联风险和以往审核的结果；

b）确定每次审核的准则和范围；

c）审核员的选择和审核的实施应确保审核过程的客观性和公正性；

d）确保审核结果提交给管理者以供评审；

e）及时采取适当的措施；

f）保持形成文件的信息，以提供审核方案实施和审核结果的证据。

注：作为指南，参见 ISO19011。

［**理解**］

（1）没有太大变化。

（2）要提供的证据：年度内审计划、内审实施计划、内审员证书、内审检查表、内审不符合报告、内审总结报告。

（3）易失控点：内审检查表没有填写，只有不符合项。

9.3 管理评审

9.3.1 总则

最高管理者应按照策划的时间间隔对组织的质量管理体系进行评审，以确保其持续地保持适宜性、充分性和有效性，并与组织的战略方向一致。

9.3.2 管理评审输入

策划和实施管理评审时应考虑下列内容：

a）以往管理评审所采取措施的实施情况；

b）与质量管理体系相关的内外部因素的变化；

c）有关质量管理体系绩效和有效性的信息，包括下列趋势性信息：

1）顾客满意和相关方的反馈；

2）质量目标的实现程度；

3）过程绩效及产品和服务的符合性；

4）不合格及纠正措施；

5）监视和测量结果；

6）审核结果；

7）外部供方的绩效。

d）资源的充分性；

e）应对风险和机遇所采取措施的有效性（见6.1）；

f）改进的机会。

9.3.3 管理评审输出

管理评审的输出应包括与下列事项相关的决定和措施：

a）改进的机会；

b）质量管理体系所需的变更；

c）资源需求。

组织应保留作为管理评审结果证据的形成文件的信息。

［理解］

（1）管理评审输入增加了以下内容：

a）与质量体系相关的内部外部问题的变化，如组织架构变化、质量法律法规变化、ISO 标准变化等。

b）数据分析与评价的结果。

c）供应商与外包商涉及的相关问题，如付款的及时性、商业合作方式等。

（2）管理评审的证据是必须保证的，要有文件化的信息。

（3）管理评审要有一个决议出来，而不是单纯一个会议。总经理不参加会议是不符合要求的。

（4）要提供的证据：管理评审计划、管理评审报告、各部门工作报告与数据。

（5）易失控点：相关方要求变化，供方绩效没有纳入管理评审；总经理没有参加评审。

10. 持续改进

10.1　总则

组织应确定并选择改进机会，采取必要措施，满足顾客要求和增强顾客满意。

这应包括：

a）改进产品和服务以满足要求并关注未来的需求和期望；

b）纠正、预防或减少不利影响；

c）改进质量管理体系的绩效和有效性。

注：改进的例子可包括纠正、纠正措施、持续改进、突变、创新和重组。

［理解］

强调持续改进的目的与方法，方法主要有纠正措施、持续改进、突变、创新、重组。

10.2 不合格和纠正措施

10.2.1 若出现不合格，包括投诉所引起的不合格，组织应：

a）对不合格做出应对，适用时：

1）采取措施予以控制和纠正；

2）处置产生的后果。

b）通过下列活动，评价是否需要采取措施，以消除产生不合格的原因，避免其再次发生或者在其他场合发生：

1）评审和分析不合格；

2）确定不合格的原因；

3）确定是否存在或可能发生类似的不合格。

c）实施所需的措施；

d）评审所采取的纠正措施的有效性；

e）需要时，更新策划期间确定的风险和机遇；

f）需要时，变更质量管理体系。

纠正措施应与所产生的不合格的影响相适应。

10.2.2 组织应保留形成文件的信息，作为下列事项的证据：

a）不合格的性质及随后所采取的措施；

b）纠正措施的结果。

［理解］

（1）不符合发生后，强调纠正行动要求，如换货、及时选别，同时要处理不符合导致的影响，如客户要求的索赔。

（2）不符合及纠正措施也要横向展开，如漏打孔，要考虑相似产品有漏打孔的问题，如何杜绝，仓库有无相似不良，是否要全检等。

（3）强调纠正措施的标准化，要考虑文件变更，重新发行。

（4）提供的证据：纠正措施实施的时机、品质异常联络单（如表6－15所示）、客户投诉报告、内审不符合报告。

（5）易失控点：没有明确什么情况下要采取纠正措施，纠正措施没有可操作性，纠正措施没有跟进。

表 6－15 品质异常联络单

品质异常联络单

致：

自：威迅公司品质部

<table>
<tr><td>发生日期</td><td></td><td>异常
提出工序</td><td>1）IQC □QA □FQA □外发加工
2）客户退货 □其他</td></tr>
<tr><td>提出单位/人</td><td></td><td>责任单位</td><td>3）生产部 □工程部 □采购部
4）计划部 □营业部 □其他</td></tr>
<tr><td colspan="3">异常状况描述：

签名/日期______审核/日期</td><td>责任部门初步分析：

签名/日期 ______ 审核/日期</td></tr>
<tr><td colspan="4">要求责任部门查明原因，提出纠正预防措施，于 年 月 日前回复我公司。</td></tr>
<tr><td colspan="4">责任单位原因分析：

签名/日期______审核/日期</td></tr>
<tr><td colspan="4">责任单位纠正措施：

签名/日期______审核/日期</td></tr>
<tr><td colspan="4">责任单位不合格品处理及预防措施：

签名/日期______审核/日期</td></tr>
<tr><td colspan="4">结果追踪确认：

签名/日期______ 审核/日期</td></tr>
</table>

表单编号：VS－QD－005－0

10.3 持续改进

组织应持续改进质量管理体系的适宜性、充分性和有效性。

组织应考虑管理评审的分析、评价结果，以及管理评审的输出，确定是否存在持续改进的需求或机会。

［理解］

强调质量体系要持续改善，如目标没达成，管理评审识别出问题点，数据分析出某种结论，若某种不良或某个产品不良特高，通过客户投诉等来进行持续改进。

案例

表 6－16　某企业品质周报

CNC

班别	日期	产品型号	投入数	不良品	良品	良率	不良明细										
							划伤	压伤	撞伤	缺磨	崩边	毛边	烧边	角变形/棱边大	崩孔	裂	其他/气泡
		2422001	3919	544	3375	86.12%	42	17	109	49	99	95	67	56	7	3	0
		1013170	17753	1975	15778	88.88%	426	64	603	192	167	107	18	100	44	207	47
		1012203	24652	2393	22259	90.29%	455	95	649	466	274	133	19	98	4	173	27
		1016169	5166	1057	4109	79.54%	122	12	301	194	147	40	35	31	157	16	2
		2623015	1316	184	1132	86.02%	16	2	61	11	45	5	5	4	28	4	3
		2423019	3860	524	3336	86.42%	67	8	196	58	76	23	47	27	9	9	4
		1027238	591	71	520	87.99%	9	1	11	24	20	1	5	0	0	0	0
		1022258	593	141	452	76.22%	37	3	19	20	5	24	7	5	20	1	0
		172283	510	124	386	75.69%	17	2	14	42	21	6	0	1	21	0	0
		1024242	848	162	686	80.90%	35	6	24	27	12	24	0	1	31	2	0
		2620008	1566	227	1339	85.50%	74	5	42	34	18	0	25	16	6	7	0
		1014206	2068	434	1634	79.01%	73	9	135	37	61	50	2	61	3	3	0
		1016175	1372	263	1109	80.83%	53	2	68	47	27	2	2	25	34	3	0
		1014209	2354	521	1833	77.87%	27	1	62	61	64	14	4	123	163	2	0
		1012210	2566	360	2206	85.97%	72	5	83	81	64	41	6	0	0	0	8
			75154	9711	68443	87.08%	1693	271	2597	1407	1163	583	280	571	611	439	97
						占总不良	17.43%	2.79%	26.74%	14.49%	11.98%	6.00%	2.88%	5.88%	6.29%	4.52%	1.00%
						占总投入数	2.25%	0.36%	3.46%	1.87%	1.55%	0.78%	0.37%	0.76%	0.81%	0.58%	0.13%

如图 6－16 所示，这是一份品质周报，1016169，1022258，172283，1014206，1014209 机种不良明显高，划伤、撞伤、缺磨三大主要不良类型必须制订改善方案，否则算不符合。

（1）要提供的证据：根据数据周报、月报、目标管理、管理评审识别出的问题点进行改善的方案。

（2）易失控点：没有进行数据分析评价，没有去找主要问题和三大不良。

七 ISO9001：2015 哪些要形成可追溯的（记录与证据）文件化信息

7.1（4.3）确定质量管理体系的范围

组织的质量管理体系范围应作为形成文件的信息加以保持。

7.2（5.2.2）沟通质量方针

质量方针应：a）作为形成文件的信息，可获得并保持。

7.3（6.2）质量目标及其实现的策划

组织应保留有关质量目标的形成文件的信息。

7.4（7.1.5）监视和测量资源

组织应保留作为监视和测量资源适合其用途的证据的形成文件的信息。

7.5（7.2）能力

d）保留适当的形成文件的信息，作为人员能力的证据。

7.6（8.1）运行策划和控制

e）在需要的范围和程度上，确定并保持、保留形成文件的信息：

1）证实过程已经按策划进行；

2）证明产品和服务符合要求。

7.7（8.2.3）与产品和服务有关的要求的评审

适用时，组织应保留下列形成文件的信息：

a）评审结果；

b）针对产品和服务的新要求。

7.8（8.3.3）设计和开发输入

组织应保留有关设计和开发输入的形成文件的信息。

7.9（8.3.4）设计和开发控制

f）保留这些活动的形成文件的信息。

7.10（8.3.5）设计和开发输出

组织应保留有关设计和开发输出的形成文件的信息。

7.11（8.3.6）设计和开发更改

组织应保留下列形成文件的信息：

a）设计和开发变更；

b）评审的结果；

c）变更的授权；

d）为防止不利影响而采取的措施。

7.12（8.4.1）外部供应的控制类型和程度——供方评价证据

组织应基于外部供方提供所要求的过程、产品或服务的能力，确定外部供方的评价、选择、绩效监视以及再评价的准则，并加以实施。对于这些活动和由评价引发的任何必要的措施，组织应保留所需的形成文件的信息。

7.13（8.5.2）标识和可追溯性——可追溯的证据

若要求可追溯，组织应控制输出的唯一性标识，且应保留实现可追溯性所需的形成文件的信息。

7.14（8.5.3）顾客或外部供方的财产——异常沟通证据

若顾客或外部供方的财产发生丢失、损坏或发现不适用情况，组织应向顾客或外部供方报告，并保留相关形成文件的信息。

7.15（8.5.6）更改控制

组织应保留形成文件的信息，包括有关更改评审结果、授权进行更改的人员以及根据评审所采取的必要措施。

7.16（8.6）产品和服务的放行

组织应保留有关产品和服务放行的形成文件的信息。形成文件的信息应包括：

a）符合接收准则的证据；

b）授权放行人员的可追溯信息。

7.17（8.7.2）不合格品控制

组织应保留下列形成文件的信息：

a）有关不合格的描述；

b）所采取措施的描述；

c）获得让步的描述；

d）处置不合格的授权标识。

7.18（9.2.2）内审

f）保留形成文件的信息，以提供审核方案实施和审核结果的证据。

7.19（9.3.3）管理评审

组织应保留作为管理评审结果证据的形成文件的信息。

7.20（10.2.2）不符合与纠正措施

组织应保留形成文件的信息，作为下列事项的证据：

a）不合格的性质及随后所采取的措施；

b）纠正措施的结果。

八

ISO9001：2015
换版问与答

1. 问：我们做过 2008 版，现在转版要增加哪些文件？

答：质量手册要修改，保持与 2015 版一致；增加乌龟图（20 ~ 30 个）、章鱼图；增加一些文件，包括知识管理办法、年度目标指标方案、组织质量环境 SWOT 分析报告、组织质量管理失控点分析报告、关键失控点攻关方案、售后服务制度；原有 ISO 程序文件都要修改，增加 2015 版本要求，如能力界定、能力鉴定、员工意识培训、量试转量产评估、供应商财产管理等。

2. 问：我们是一家新公司，2015 版 ISO9001 如何推行？

答：1）先诊断组织管理失控点；

2）做 SWOT 分析或其他方式风险分析；

3）策划纲领性文件，如组织架构、体系范围、章鱼图等；

4）策划流程性文件或制度，如知识管理、售后管理、外部财产管理、供应商管理等；

5）策划检验指导书、作业指导书、检验基准、工艺基准；

6）运行三个月；

7）现场审核通过后拿证。

3. 问：2015 版增加了哪些记录或证据？

答：增加了售后服务证据、供应商及相关方财产管理证据、知识管理证据、风险评估证据、量试转量产评估证据等。

4. 问：2008 版 ISO9001 什么时候过期？

答：有三年的过渡期，在 2015 年 ~2017 年之间都是有效的。

5. 问：2015 版还要任命管理者代表吗？

答：可以任命，也可以不任命。

6. 问：新标准多次提到风险和机遇，如何提供证据？

答：风险指满足不了客户要求的可能性，如合同评审要评审风险、新产品开发要评审风险；机遇指改善的机会，如批量不良、数据分析、纠正预防措施、内审、管理评审。

7. 问：新版本没有删减，原来设计开发删除了，企业如何做？

答：可以把原来的新项目开发、打样、服务策划当作设计开发来管理，其实任何企业都有开发、打样、制作 SOP，这些都是开发的一部分。产品概念设计可能好多企业没有。

8. **问**：新版本的知识管理如何理解？

答：新市场开拓、新产品开发、原材料选用、工艺改善都会用到一些知识，如钢材硬度知识、化学原料颜色知识等，可以通过查阅书籍及在网上查找形成文件或教材。

9. **问**：如果在改版时，企业还是保留质量手册，手册是否要更新？

答：要更新，也可不保留手册。

10. **问**：如果 ISO9001 改版，与 TL9000、TS16949 条款对不上，怎么办？

答：要做一个对照表。

九 ISO9001：2015 内审员试题

试题一

1. GB/T19001－2015 标准中持续改进活动包括（D）

A：改进产品和服务以满足要求

B：纠正、预防或减少不利影响

C：改进质量管理体系的绩效和有效性

D：以上全部

2. 关于质量管理体系评价的说法正确的是（D）

A：应评价质量管理体系的绩效

B：应评价质量管理体系的有效性

C：质量管理体系评价的结果应保持形成文件的信息

D：以上都对

3. 监视顾客关于组织是否满足其要求的感受的方法包括（D）

A：顾客会晤　　B：顾客赞扬

C：担保索赔　　D：以上全是

4. 审核方案（A）

A：是针对特定时间段所策划并具有特定目的的一组（一次或多次）审核安排

B：就是对审核进行策划后形成的文件

C：是审核检查方案

D：是审核计划

5. GB/T19001：2015 标准要求最高管理者应按策划的时间间隔评审质量管理体系，以确保其持续的（C）

A：符合性、实施性和有效性　　B：符合性、充分性和有效性

C：适宜性、充分性和有效性　　D：适宜性、实施性和有效性

6. 依据 GB/T19001：2015 标准，不合格输出的控制适用于（D）

A：产品交付前发现不合格品

B：产品交付之后发现的不合格产品

C：在服务提供期间或之后发现的不合格服务

D：以上都是

7. 依据 GB/T19001：2015 标准 8.5.1 条款，以下哪种说法错误？（A）

A：监视和测量主要是对过程的监视和测量，对产品的监视和测量不在本条款

B：为过程的运行提供适宜的基础设施和环境

C：配备具备能力的人员，包括所要求的资格

D：采取措施防止人为错误

8. 有关生产和服务提供过程的确认，说法正确的是（D）

A：若输出结果不能由后续的监视或测量加以验证，应对这类生产和服务提供过程

B：过程确认的目的是对实现策划结果的能力进行确认

C：应定期再确认

D：以上都对

9. 依据 GB/T19001：2015 标准 8.5.2，以下说法正确的是（B）

A：应对产品做好标识，以免混淆

B：在生产和服务提供的全过程中，应标识产品的监视和测量状态

C：应控制所有产品的唯一性标识

D：以上都对

10. 根据 GB/T19001：2015，设计和开发评审的目的是（B）

A：确定设计和开发的职责和权限

B：评价设计和开发结果满足要求的能力

C：确保设计和开发的输出满足输入的要求

D：确保质量管理体系的完整性

11. 以下哪些可以作为改进活动的示例？（ABC）

A：纠正　　B：纠正措施

C：突变　　D：监视和测量

12. 关于纠正措施，说法正确的是（BCD）

A：可以不考虑不合格造成的影响，采取相同程度的纠正措施

B：应评审采取的纠正措施的有效性

C：采取纠正措施可能导致更新策划期间确定的风险和机遇

D：应保留不合格的性质及随后所采取的措施的形成文件的信息

13. 策划监视、测量、分析和评价时应确定（ABCD）

A：监视和测量的对象

B：监视、测量、分析和评价方法

C：监视和测量的时机

D：分析和评价监视和测量结果的时机

14. 策划、制订、实施和保持审核方案时应考虑（ABC）

A：有关过程的重要性　　B：对组织产生影响的变化

C：以往的审核结果　　D：审核员不能来自外部

15. 管理评审应（BC）

A：按规定的时间间隔进行

B：按策划的时间间隔进行

C：评价质量管理体系的持续适宜性、充分性、有效性

D：进行各部门的绩效考核

16. 关于管理评审，正确的是（ABCD）

A：由最高管理者组织进行

B：保留管理评审的结果的形成文件信息

C：将导致管理体系发生变化

D：目的是确保其持续地保持适宜性、充分性和有效性，并与组织的战略方向一致

17. 组织应保留的关于不合格的形成文件的信息包括（ABCD）

A：不合格的描述　　B：所采取措施

C：让步的信息　　D：处置不合格的授权信息

18．对顾客提供的图样和产品使用规范，应采取以下（ACD）方法进行控制

A：7.5.3　　B：8.2.3

C：8.2.1　　D：8.5.3

19．顾客或外部供方的财产，可以包括（ABCD）

A：材料、零部件、工具和设备　　B：顾客的场所

C：知识产权　　D：个人信息

20．交付后活动可包括（ABC）

A：担保条款规定的措施

B：合同义务（如维护服务）

C：附加服务（如回收或最终处置）

D：合同评审

试题二

1．以下哪些不是改进活动的示例？（B）

A：纠正　　B：监视顾客满意度

C：突变　　D：创新和重组

2．以下不属于质量管理体系评价方法的是（D）

A：内部审核　　B：自我评定

C：管理评审　　D：绩效考核

3．关于分析和评价的说法正确的是（D）

A：分析和评价的输入来自监视和测量的输出

B：分析和评价的结果可能发现改进的需求或机会

C：进行数据分析应考虑使用统计技术

D：以上都对

4．管理评审应由（C）

A：负有决策职责的董事长领导进行

B：质量经理负责领导和组织实施

C：最高管理者领导进行

D：以上均可

5. 根据 GB/T19001：2015 标准 8.4.2 条款的要求，组织应确定必要的验证或其他活动，以确保（C）

A：采购的产品价格最优

B：采购产品到货及时

C：外部提供的过程、产品和服务满足要求

D：以上都对

6. 在确定不合格输出的控制的适当措施时，应考虑（C）

A：不合格的性质

B：不合格对产品和服务的影响

C：A + B

D：A 或 B

7. 依据 GB/T19001：2015 标准 8.5.1 条款，适用时，应获取的形成文件的信息包括（D）

A：生产的产品、提供的服务的特征

B：进行的活动的特征

C：拟获得的结果

D：以上全部

8. 依据 GB/T19001：2015 标准 8.5.1 的要求（D）是需要进行确认的过程

A：在产品使用或服务已交付之后问题才显现的过程

B：生产和服务提供过程

C：特殊过程

D：生产和服务提供过程的输出不能由后续的监视或测量加以验证的过程

9. 顾客提供的财产可以是（D）

A：来料加工的原材料、半成品　　B：顾客委托运输的货物

C：顾客提供的设备、知识产权　　D：以上都是

10．防护涉及的对象是（D）

A：成品　　B：半成品

C：原材料　　D：以上全部

11．以下哪些属于针对不合格采取纠正措施的要求？（ACD）

A：评审所采取的纠正措施的有效性

B：对不合格做出应对

C：评价是否需要采取措施

D：实施纠正措施

12．评价纠正措施的需求时，需要实施哪些活动？（ACD）

A：评审和分析不合格

B：确定发生潜在不合格的可能性

C：确定不合格的原因

D：确定是否存在或可能发生类似的不合格

13．监视顾客感受的方法包括（ABC）

A：顾客调查表

B：顾客对交付产品或服务的反馈

C：经销商报告

D：对销售合同的评审

14．审核方案包括以下哪些内容？（ABD）

A：频次　　B：方法

C：审核范围　　D：审核报告

15．管理评审的输入应包括（ABD）

A：有关质量管理体系绩效和有效性的信息

B：内外部情况的变化

C：资源的需求

D：以往管理评审的跟踪措施

16. 在策划的安排已圆满完成之前，放行产品和交付服务应（AB）

A：得到有关授权人员的批准

B：适用时得到顾客批准

C：得到最高领导同意

D：得到放行产品或交付服务人员的同意

17. 关于产品和服务的验证，以下说法正确的是（BD）

A：在生产和服务提供的每个阶段都应有相应的验证活动

B：按照策划的安排，在适当阶段时行验证

C：在最终阶段应进行验证

D：有可能在生产过程的中间阶段进行验证

18. 以下哪些是顾客财产？（BC）

A：组织按顾客的要求，从顾客指定的某钢材厂购买的原材料

B：顾客提供的用于加工产品的模具

C：宾馆服务台保管的顾客的贵重物品

D：某加工厂为加工顾客产品而购买的零部件

19. 以下属于 GB/T19001：2015 标准 8.4 控制范围的是（ABCD）

A：采购原材料

B：OEM 生产

C：生产过程外包

D：由同一母公司下属的兄弟公司协作

20. 若顾客或外部供方的财产发生丢失、损坏或发现不适用情况，组织应（AC）

A：向顾客或外部供方报告　　B：赔偿

C：保留相关形成文件的信息　　D：采取纠正措施

十

ISO9001：2015 案例文件汇编

常规制造行业推行 ISO9001：2015 要形成的文件如表 10－1 所示。

表 10－1　常规制造行业推行 ISO9001：2015 要形成的文件表

ISO9001：2015		文件名称	
范围	1	纲领性文件	范围
规范性引用文件	2	纲领性文件	规范性引用文件
术语和定义	3	纲领性文件	术语和定义
组织的背景	4	乌龟图	组织背景分析乌龟图
理解组织及其背景	4.1		
理解相关方的需求和期望	4.2		
质量管理体系范围的确定	4.3		
质量管理体系	4.4		
总则	4.4.1		
过程方法	4.4.2		
领导作用	5	乌龟图	领导作用乌龟图
领导作用和承诺	5.1		
针对质量管理体系的领导作用与承诺	5.1.1		
针对顾客需求和期望的领导作用与承诺	5.1.2		
质量方针	5.2		
组织的作用、职责和权限	5.3	纲领性文件/三定卡	部门职责/各岗位三定卡
策划	6		
风险和机遇的应对措施	6.1	纲领性文件/攻关方案	诊断报告/体系推行计划/各种瓶颈攻关方案
质量目标及其实施的策划	6.2	纲领性文件/攻关方案/乌龟图	质量目标/各部门质量目标控制卡/目标改善方案/目标管理乌龟图
变更的策划	6.3	程序/乌龟图	文件管理程序/乌龟图

续表

ISO9001：2015		文件名称	
支持	7		
资源	7.1		
总则	7.1.1		
人员	7.1.2		
基础设施	7.1.3	控制卡/乌龟图	设备控制卡/乌龟图
过程运行环境	7.1.4	控制卡/乌龟图	工作环境控制卡/5S 攻关方案/乌龟图
监视和测量资源	7.1.5	控制卡/乌龟图	测量设备控制卡/实验室控制卡/乌龟图
组织的知识	7.1.6	管理制度/乌龟图	知识管理办法/培训教材/知识人力资源乌龟图
能力	7.2	管理制度/乌龟图	任职资格/人员资格认证制度/知识人力资源乌龟图
意识	7.3	控制卡/乌龟图	培训控制卡/知识人力资源乌龟图
沟通	7.4	管理制度/乌龟图	会议管理制度/沟通乌龟图
形成文件的信息	7.5		
总则	7.5.1		
编制和更新	7.5.2	程序/乌龟图	文件管理程序/记录管理程序/文件记录乌龟图
文件控制	7.5.3	程序/乌龟图	文件管理程序/文件记录乌龟图
运行	8		
运行的策划和控制	8.1	控制卡/乌龟图	新项目控制卡/设计开发控制卡/新项目乌龟图
产品和服务的要求	8.2	控制卡/乌龟图	订单处理控制卡/订单管理乌龟图

续表

ISO9001：2015		文件名称	
顾客沟通	8.2.1	控制卡/乌龟图	订单处理控制卡/订单管理乌龟图
与产品和服务有关的要求的确定	8.2.2	控制卡/乌龟图	订单处理控制卡/订单管理乌龟图
与产品和服务有关的要求的评审	8.2.3	控制卡/乌龟图	订单处理控制卡/订单管理乌龟图
产品和服务要求的更改	8.2.4	控制卡/乌龟图	订单处理控制卡/订单管理乌龟图
产品和服务的设计和开发	8.3	控制卡/乌龟图	新项目控制卡/设计开发控制卡/新项目乌龟图
外部供应产品和服务的控制	8.4		
总则	8.4.1		
外部供方的控制类型和程度	8.4.2	控制卡/乌龟图	供方与外包方控制卡/乌龟图
提供外部供方的文件信息	8.4.3	控制卡/乌龟图	采购控制卡/乌龟图
生产和服务提供	8.5		
生产和服务提供的控制	8.5.1	控制卡/乌龟图	生产过程控制卡/乌龟图
标识和可追溯性	8.5.2	控制卡/乌龟图	标示与追溯控制卡/乌龟图
顾客或外部供方的财产	8.5.3	控制卡/乌龟图	外部提供财产控制卡/乌龟图
防护	8.5.4	控制卡/乌龟图	仓储与搬运控制卡/乌龟图
交付后的活动	8.5.5	控制卡/乌龟图	售后服务控制卡/乌龟图
更改控制	8.5.6	控制卡/乌龟图	工程变更控制卡/乌龟图
产品和服务的放行	8.6	控制卡/乌龟图	产品的监视和测量控制卡/产品测量与监视乌龟图

续表

ISO9001：2015		文件名称	
不合格产品和服务	8.7	程序/乌龟图	不合格品控制程序/不合格乌龟图
绩效评价	9		
监视、测量、分析和评价	9.1		
总则	9.1.1		
顾客满意	9.1.2	控制卡/乌龟图	售后服务控制卡/售后服务乌龟图
数据分析与评价	9.1.3	控制卡/乌龟图	数据分析控制卡/数据分析乌龟图
内部审核	9.2	程序/乌龟图	内部审核程序/内审乌龟图
管理评审	9.3	程序/乌龟图	管理评审程序/管理评审乌龟图
持续改进	10.3		
不符合和纠正措施	10.2	程序/乌龟图	纠正措施程序/纠正措施乌龟图
改进—总则	10.1		

（一）纲领性文件

表 10－2　文件修订履历表

版本	修订理由与内容简述	修订日期	拟定	审核	批准

目 录

1. 颁布令

颁布令

质量是企业的生命和希望，全公司员工必须牢记本公司的质量方针，并以此为己任，在质量管理活动中贡献力量。

本纲领性是依据《ISO9001：2015 质量管理体系》标准，结合我公司实际情况编制而成，确定了本公司的质量管理体系，阐明了质量方针和质量目标，是本公司法规性文件，也是向顾客和认证机构提供信任的依据和员工从事各项质量活动的行动准则。现予以颁布，自 2015 年 10 月 1 日起生效实施，全体员工必须理解并贯彻执行。

为保持质量管理体系的持续有效，特委任________为管理者代表，行使其规定的职责和权限，并负责与外部联络事宜。

批准：________（总经理）

2. 企业简介

东莞××包装制品有限公司创立于2006年，占地面积约3000平方米，是一家集设计、生产于一体的包装印刷企业。公司自创建以来，一直以专业技术为广大客户提供精美的印刷品，其中主要包括彩盒、彩卡、说明书、滴胶、模切成型物及防伪、耐湿、耐高温的各类型不干胶标签。

目前，公司生产的产品应用于联想、亚马逊、飞利浦、松下、三星、苹果等世界企业的产品上。公司先后引进德国海德堡五色机、PS板UV6色轮转不干胶印刷机、单双色丝印机、高速模切机、商标机、二维码打印机及测试机等先进的专业设备。

本公司一直以“真诚、优质、高效、创新”为宗旨，以“急客户之所急，想客户之所想”为理念，竭力生产出性价比最高的产品，成就客户，成就自己。

3. 质量方针

质量方针：

客户至上，持续改进

精益求精，与客共赢

质量是企业的生命，全公司人员应积极参与，以质量为宗旨，不断建立完善的质量管理体系，追求卓越品质，提高顾客满意度。

质量总目标：

a）成品一次检验合格率99%以上；

b）顾客满意度95分以上。

分解目标：

生产部：每月成品一次交验合格率不低于99%；

品质部：每月客诉次数≤6次；

工程部：每月样品一次交验合格率不低于90%；

业务部：每月成品按时出货率≥95%；

行政部：员工年度培训计划按时执行率≥95%；

PMC 部：生产计划达成率 95%；

来料委外加工准时交货率 95%。

本公司质量方针和质量目标自发布之日起实施，全公司员工要理解质量方针的内涵，并坚决贯彻执行，落实到自身的行动中。

批准：________（总经理）
××年××月××日

4. 质量体系认证范围

4.1 认证范围

认证范围：不干胶与彩盒产品印刷加工。

4.2 引用标准

ISO9000：2005 质量管理体系基础和术语；

ISO9001：2015 质量管理体系要求；

与产品相关的标准法律法规。

4.3 术语和定义

ISO9000：2005 质量管理体系基础和术语。

4.4 本公司产品加工流程中的菲林与刀模制作等外包，按采购管理进行控制，具体见《采购控制卡》。

5. 组织架构图（如图 10－1 所示）

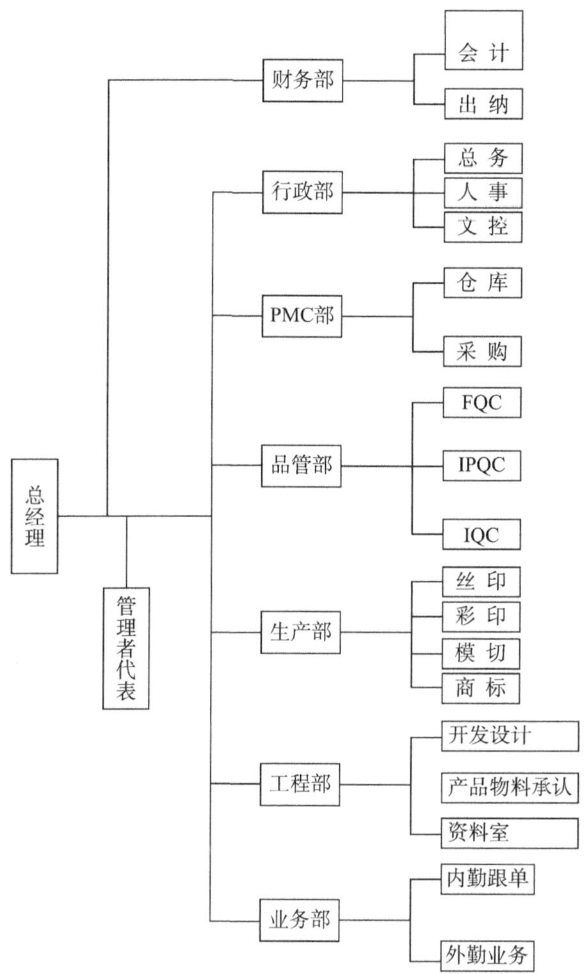

图 10－1　组织架构图

6. 质量管理体系过程职能分配表（如表 10－3 所示）

章节	条款（ISO9001：2015）	过程	最高层	品管部	工程部	业务部	生产部	行政部	采购部	财务部
4	组织的背景环境									
4. 1	理解组织及其环境	M1	●	○	○	○	○	○	○	○
4. 2	理解相关方的需求和期望	M1	●	○	○	○	○	○	○	○
4. 3	确定质量管理体系的范围	M1	●	○	○	○	○	○	○	○
4. 4	质量管理体系及其过程	M1	●	○	○	○	○	○	○	○
4. 4. 1	总则	M1	●	○	○	○	○	○	○	○
4. 4. 2	过程方法	M1	●	○	○	○	○	○	○	○
5	领导作用									
5. 1	领导作用和承诺	M1	●	○	○	○	○	○	○	○
5. 1. 1	总则	M1	●	○	○	○	○	○	○	○
5. 1. 2	以顾客为关注焦点	M1	●	○	○	○	○	○	○	○
5. 2	方针	M1	●	○	○	○	○	○	○	○
5. 3	组织的角色、职责和权限	M1	●	○	○	○	○	○	○	○
6	策划									
6. 1	应对风险和机遇的措施	M1	●	○	○	○	○	○	○	○
6. 2	质量目标及其实现的策划	M1	●	○	○	○	○	○	○	○
6. 3	变更的策划	M1	●	○	○	○	○	○	○	○
7	支持									
7. 1	资源		●	○	○	○	○	○	○	○
7. 1. 1	总则		●	○	○	○	○	○	○	○
7. 1. 2	人员	S3	○	○	○	○	●	●	○	○
7. 1. 3	基础设施	S4	○	○	○	○	●	○	○	○
7. 1. 4	过程运行环境	S5	○	●	○	○	○	○	○	○
7. 1. 5	监视和测量资源	S7	○	○	○	○	○	●	○	○

续表

章节	条款（ISO9001：2015）	过程	最高层	品管部	工程部	业务部	生产部	行政部	采购部	财务部
7.1.6	组织的知识	S3	○	○	○	○	○	●	○	○
7.2	能力	S3	○	○	○	○	○	●	○	○
7.3	意识	S3	○	○	○	○	○	●	○	○
7.4	沟通	M1	○	○	○	○	○	●	○	○
7.5	形成文件的信息	S1	○	○	○	○	○	●	○	○
7.5.1	总则	S1	○	○	○	○	○	●	○	○
7.5.2	创建和更新	S1	○	○	○	○	○	●	○	○
7.5.3	形成文件的信息的控制	S2	○	○	○	○	○	●	○	○
8	运行									
8.1	运行的策划和控制	C2	○	○	○	○	●	○	○	○
8.2	产品和服务的要求	C1	○	○	○	●	○	○	○	○
8.2.1	顾客沟通	C1	○	○	○	●	○	○	○	○
8.2.2	与产品和服务有关的要求的确定	C1	○	○	○	●	○	○	○	○
8.2.3	与产品和服务有关的要求的评审	C1	○	○	○	●	○	○	○	○
8.2.4	产品和服务要求的更改	C1	○	○	○	●	○	○	○	○
8.3	产品和服务的设计和开发	C2	○	○	○	○	●	○	○	○
8.4	外部提供过程、产品和服务的控制	S6	○	○	○	○	○	○	●	○
8.4.1	总则	S6	○	○	○	○	○	○	●	○
8.4.2	控制类型和程度	S6	○	○	○	○	○	○	●	○
8.4.3	外部供方的信息	S6	○	○	○	○	○	○	●	○
8.5	生产和服务提供	C3	○	○	●	○	○	○	○	○
8.5.1	生产和服务提供的控制	C3	○	○	●	○	○	○	○	○
8.5.2	标识和可追溯性	C3	○	○	●	○	○	○	○	○

续表

8. 5. 3	顾客或外部供方的财产	C3	○	○	●	○	○	○	○	○
8. 5. 4	产品防护	C3	○	○	○	○	●	○	○	○
8. 5. 5	交付后的活动	C4	○	○	○	●	○	○	○	○
8. 5. 6	变更控制	C4	○	○	○	○	●	○	○	○
8. 6	产品和服务的放行	S8	○	○	○	○	●	○	○	○
8. 7	不合格输出的控制	S9	○	●	○	○	○	○	○	○
9	绩效评价									
9. 1	监视、测量、分析和评价	M4	●	○	○	○	○	○	○	○
9. 1. 1	总则	M4	●	○	○	○	○	○	○	○
9. 1. 2	顾客满意	C5	○	○	○	●	○	○	○	○
9. 1. 3	分析与评价	S10	○	●	○	○	○	○	○	○
9. 2	内部审核	M2	○	●	○	○	○	○	○	○
9. 3	管理评审	M3	●	○	○	○	○	○	○	○
10	持续改进									
10. 1	总则	M4	○	●	○	○	○	○	○	○
10. 2	不符合和纠正措施	S11	●	○	○	○	○	○	○	○
10. 3	持续改进	M4	●	○	○	○	○	○	○	○

7. 产品实现流程图（如图 10－2 所示）

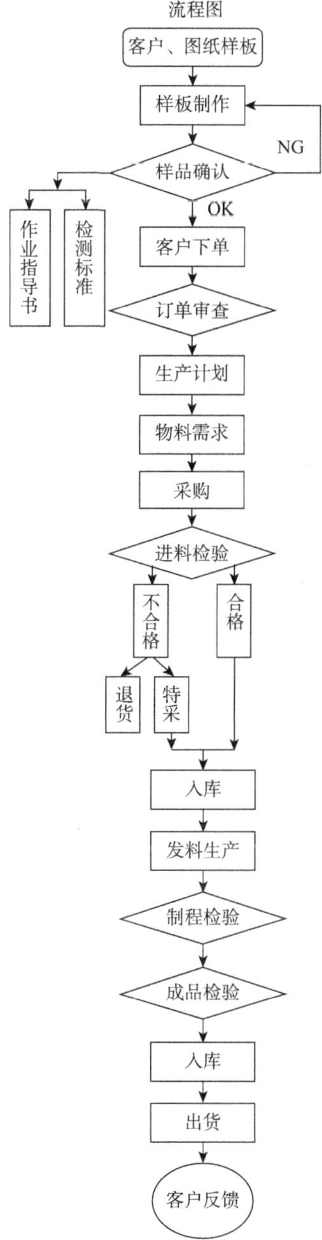

图 10－2 产品实现流程图

附件 1　ISO9001 质量管理体系过程关系图（如图 10－3 所示）

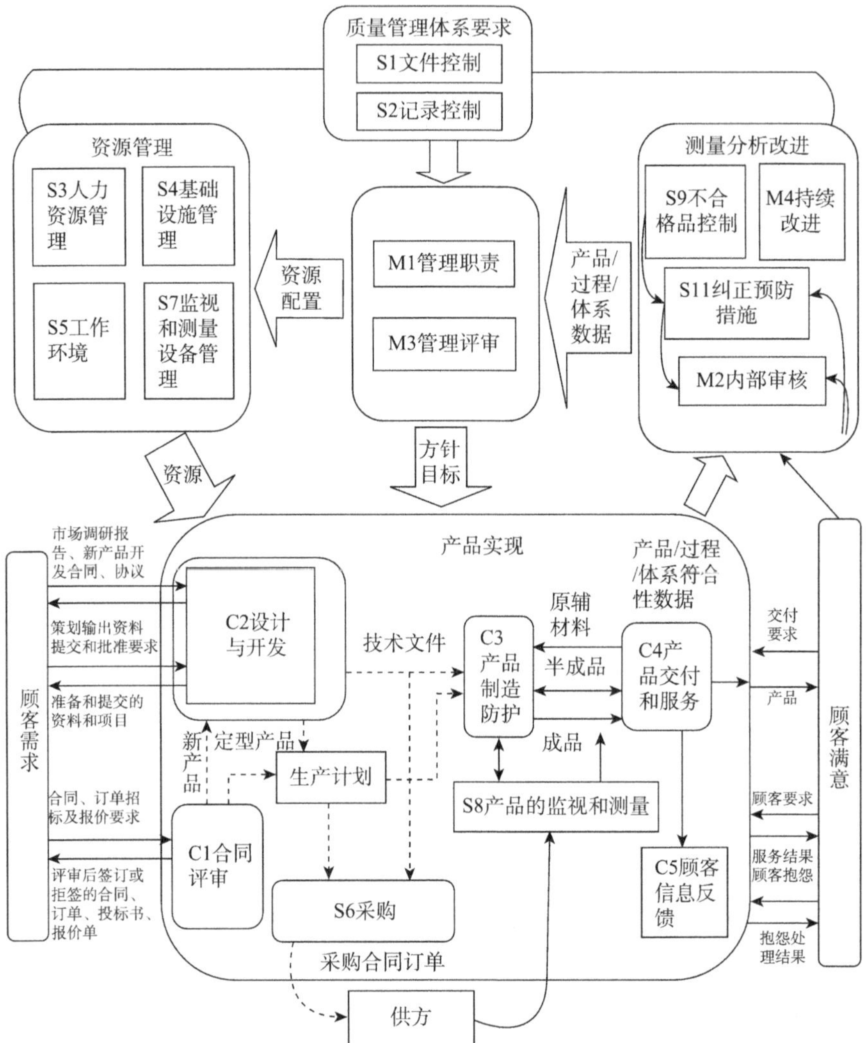

图 10－3　质量管理体系过程关系图

附件 2　乌龟图清单（如表 10－4 所示）

表 10－4　乌龟图清单

代码	名称	责任人	输入	输出	绩效指标	相关文件
COP1	合同评审过程	业务	顾客合同/订单/技术协议法律法规要求 顾客指定的特殊特性 年度市场需求预测 产品开发项目建议书	合同/订单 合同/订单评审记录 销售计划 可行性分析报告 APQP 项目计划	准时交货率 订单变更次数	顾客相关过程控制程序
COP2	设计和开发	工程	可行性分析报告 APQP 项目计划 内外部顾客要求和期望 竞争对手的有关信息 市场信息 产品质量信息 法律法规要求 类似设计经验 顾客要求/技术指标 顾客承认的产品和制造过程批准要求 顾客提出的产品更改 本公司提出的产品/过程更改需求 供方更改申请	市场调研报告 新产品开发任务书 年度市场需求预测 经营计划 过程设计文件 产品验证评审结果 工艺文件/评审结果生产件确认 PPAP 文件 PPAP 的更改 更改验证或评估记录 更改的确认 控制计划 过程流程图 作业指导书	开发计划完成率 PPAP 提交合格率	项目管理与 APQP 控制程序 PPAP 控制程序 SPC 控制程序 FMEA 控制程序

续表

代码	名称	责任人	输入	输出	绩效指标	相关文件
COP3	制造和防护过程	生产	生产计划 作业指导书、控制计划 库存品防护生产报告 流程卡 首巡检报告 成品检验报告 实验报告 温湿度点检记录 设备点检记录 领发料记录	生产计划完成率 库存周转率	生产管理程序 产品防护与出货管理程序	
COP4	交付和服务过程	线材	客户订单 包装、标识要求 检验报告 市场信息反馈、顾客抱怨、顾客退货、索赔	送货单 客户投诉处理报告 8D	交付准时率 超额运费额	产品防护与出货管理程序 客户抱怨与退货处理程序
COP5	顾客信息反馈	业务	顾客要求 交付业绩 价格 服务现状 质量表现	顾客满意度分析报告 满意度调查表	顾客满意度	顾客相关过程控制程序
SP1	文件管理过程	文控	顾客图纸、技术文件 体系标准要求 公司文件编制的需求	受控文件清单 文件发放记录 工程规范评审记录 文件变更记录	文件管制正确率 工程规范评审及时率	文件与记录控制程序

续表

代码	名称	责任人	输入	输出	绩效指标	相关文件
SP2	记录管理过程	文控	顾客要求 体系要求	记录一览表	记录完好率	文件与记录控制程序
SP3	人力资源管理过程	人事	人员需求 技能需求 岗位素质要求	合格的各岗位员工培训记录表 员工培训档案 上岗证 员工满意度调查报告	培训计划完成率 员工满意度	人力资源与教育培训控制程序
SP4	基础设施管理过程	制造	设施设备策划需求 设备管理需求 工装模具需求 保养计划	设备点检与保养记录 设备维修记录 设备能力评估报告 设备验收报告	设备完好率 CMK	基础设施控制程序 生产管理程序
SP5	工作环境过程	制造	工作环境要求 安全防护要求	安全高效、清洁、有序的工作场所 温湿度检查记录	重大安全事故次数	生产管理程序
SP6	采购过程	采购	顾客要求 供方信息 采购技术资料 生产计划、库存需求 现有供应商业绩 公司对供应商质量管理体系要求 供应商体系开发计划 合格供方一览表	合格的原材料 供应商 PPAP 报告 供应商评价记录 采购计划、采购合同/订单 供应商交付监控记录 供应商品质异常报告到货准时率 进料检验合格率	采购与供应商管理程序	

续表

代码	名称	责任人	输入	输出	绩效指标	相关文件
SP7	监视和测量设备管理过程	品保	控制计划 测量设备周期检定计划 测量系统分析计划 监视和测量环境要求 顾客要求 法律法规	检定合格的设备 外部检定机构资格 证明文件 设备履历、校准证书、校准记录 测量系统分析报告周期校准完成率	检测及试验设备控制程序 MSA 控制程序	
SP8	产品测量与监视过程	品保	检验标准 控制计划 工程图纸 样品	产品检验记录 品质异常报告 CPK/PPK 报告 试验报告	进料检验合格率 巡检合格率 成品检验合格率	检验与试验控制程序 生产管理程序
SP9	不合品管理过程	品保	采购的不合格品 生产的不合格品 用户返回的不合格品 过期库存品、可疑产品	已被标识、隔离的不合格品 不合格品评审、处理报告 不合格品重检记录	不合格品完成率	不合格品控制程序 返工作业指导书
SP10	数据分析过程	品保	公司质量和运行业绩数据 各类反馈信息 统计技术需求 顾客及法律法规要求信息 质量成本统计要求	质量目标指标完成情况报表 公司业绩指标报告 供应商评价报告 客户满意度统计分析报告 CPK/PPK 报告 质量成本统计报告	目标指标达成率 不良质量成本占销售额比率	SPC 控制程序 质量成本控制程序

续表

代码	名称	责任人	输入	输出	绩效指标	相关文件
SP11	纠正预防措施过程	品保	顾客抱怨 内外审结果 管理评审结果 质量事故 各类潜在的异常 过程能力不能满足要求	纠正预防措施报告 8D 报告	纠正预防措施完成率	纠正预防措施控制程序
MP1	管理职责	总经理	内部需要（质量方针/企业发展等） 外部需要（顾客/竞争对手/社会法规） 以往绩效数据 TS 标准要求 公司过程要求 企业宗旨	经营计划 质量目标与过程 KPI	营业额完成率	顾客相关过程控制程序 中长期经营计划
MP2	内部审核过程	工程品保管代	年度内审计划安排 产品出现重大质量问题 内、外部顾客发生重大投诉或抱怨 产品、过程审核中出现系统性问题 职能出现重大调整	内部体系审核报告 过程审核报告 产品审核报告 纠正和预防措施	内审不符合改善及时完成率	内部审核程序 过程审核控制程序 产品审核控制程序

续表

代码	名称	责任人	输入	输出	绩效指标	相关文件
MP3	管理评审	总经理	顾客要求和顾客的特殊要求 质量方针和目标的适宜性 ISO9001 体系所要求的适宜性和有效性 审核结果 顾客反馈信息 纠正和预防措施状况 过程业绩和产品的符合性 新产品开发特殊阶段中的质量风险、开发成本、准备时间、关键路径等测量，可能影响体系的变更，对实际和潜在的市场失效模式分析及其对质量安全或环境的影响 以往管理评审的跟踪措施 改进建议管理评审报告 质量管理体系及其过程有效性的改进措施计划 与顾客要求有关的产品改进计划 资源需求计划	不符合改善及时完成率	管理评审控制程序	
MP4	持续改进	总经理	公司及各部门改进需求 数据分析结果 客户及员工满意度调查结果 经营计划分析报告	专案改善报告 纠正预防措施报告	专案改善的件数	纠正预防措施控制程序

附件3 东莞 MJ 项目管理失控点分析

（1）新项目报价失控

事实事例描述：

新项目报价时间长，少则 3～4 天，针对成型品牌材料的报价，则要一周以上。其中工程评估工时要 1～3 天，做 BOM 要 1～3 天，采购拿到 BOM，询价要 1～3 天，这么长的报价周期，客户基本上没有合作意向。

改善思路：

建立报价流程控制卡，明确各种产品报价时限要求，各部门必须在时限的要求内完成工作，否则接受乐捐。制度由稽查专员频繁稽查，同时启动横向制约，相邻部门相互监督，让问题无处可逃。

（2）客户关系维护失控

事实事例描述：

公司没有客户拜访计划，客户订单量也不是特别足。在中国大陆，万事靠关系，你关系好，万事好商量，关系不好，处处有问题。

改善思路：

建立客户维护控制卡，制订客户拜访计划，提高客户满意度，增强客户信任，向客户表达强烈合作意向。制度与计划出来后，交给稽查专员稽查，确保落实，同时要统计各业务员的销售额，分析是增长还是减少。如果订单不增长或减少，要去拜访客户查明原因，同时针对人为因素导致客户流失的，要追究责任，对客户维护做得好的业务员要给予鼓励。

（3）业务员的积极性低

事实事例描述：

业务员没有主动去外面接新订单、开拓新客户的强烈意愿，因为为公司增加订单也没有任何鼓励措施，业务员积极性低下。

改善思路：

建立业务部激励方案和绩效考核制度，业务员根据销售额给奖金，提高员工积极性，同时对业务员拓展新客户、新项目成功数量进行排名。

（4）ERP系统线材编码失控

事实事例描述：

现在线材编码混乱，同一种物料几种编码，供应商不一样，编码也不一样，导致采购错误、领导错误。接到订单排查物料库存不准，要得到真实数据，必须去现场确认，给采购人员、仓库人员增加了大量的工作量。

案例：系统下单料号：A1251 – TPE – A，对应供应商的料号是：A1250 – TPE – A。

5TS – 8707BS = OS707 – BS – 2

H11807PS – 2 = OS018 – BS – 2

H12402 – PS – 2 = OS024 – BS – 2

H13011PS – 2 = OS030 – BS – 2

5TS – 8704BS = OS704 – BS – 2

系统下单料号：A1251H – 03P，对应下单给德峄（供应商）的料号为：A1250H – 03P，每次下单要人工手改成A1250H – 03P，否则供应商来料会出错。

改善思路：

建立线材物料编码攻关方案，对仓库进行盘点，重新标示，重新入ERP系统，确保业务员、采购员在ERP系统中随时都可查到准确信息。

（5）物料申购失控，紧急采购多

事实事例描述：

采购部没有制订采购周期和最低采购量的文件，但采购抱怨紧急采购单多。比如客户威任经常今天下单，一两天后就要求出货。有库存还好，没有库存就要今天下单，当天就催交期。采购部与业务部在交期安排上不能达成共识。

改善思路：

根据客户类型、重要性，制订客户交货周期表，根据交货周期表和材料备库存计划，制订采购周期表与最低采购量。PMC 部要给足采购部时间，让供应商准备材料。

(6) 物料成本管理失控

事实事例描述：

物料管理混乱，每个订单物料没有结算，没有补料动作。

多余物料没有退仓，数据也不准。每个订单结束，也没有人去排查物料，经常出现挪用物料现象。现场成了小仓库，大批原材料放在车间。仓库有 100 多万的电子料库存。

改善思路：

建立发料退料补料制度，严格根据订单与损耗发料，多余料必须退货，要补料必须开补料单，连单料每做完一个单要盘点一次物料，每个单要核算材料成本。

(7) 物料贮存管理失控

事实事例描述：

物料没有保质期，没有明确储存环境，储存现场也满足不了要求。仓库账与实物严重不符，物料摆放乱（如图 10－4、图 10－5、图 10－6 所示）。

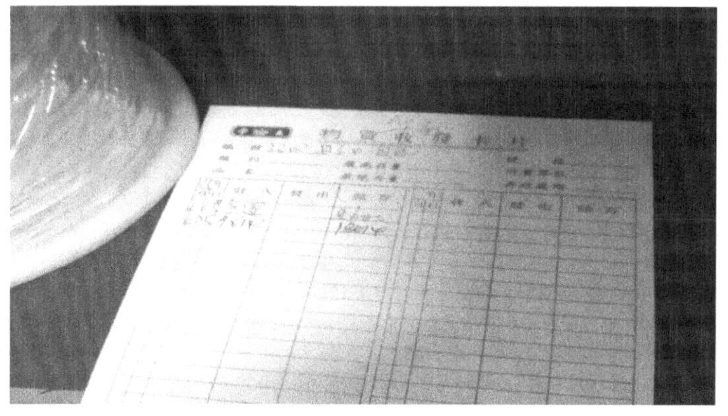

图 10－4 图上实物 7 卷，账上只有 5 卷

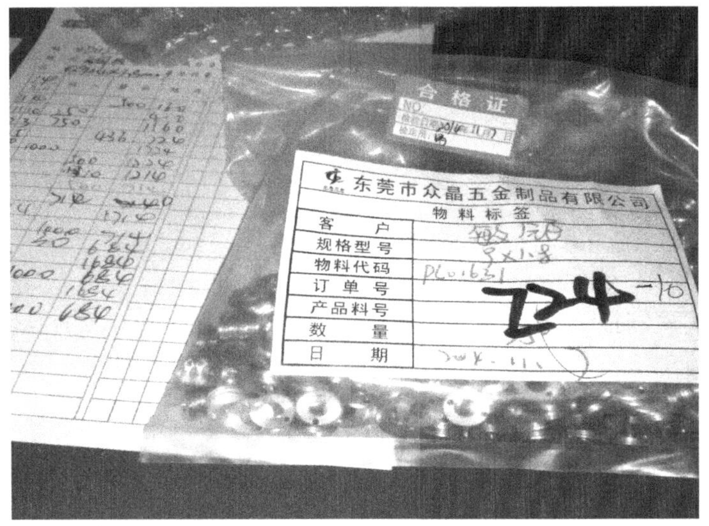

图 10－5　标签上 724 件，卡上面 684 件，电脑上 674 件

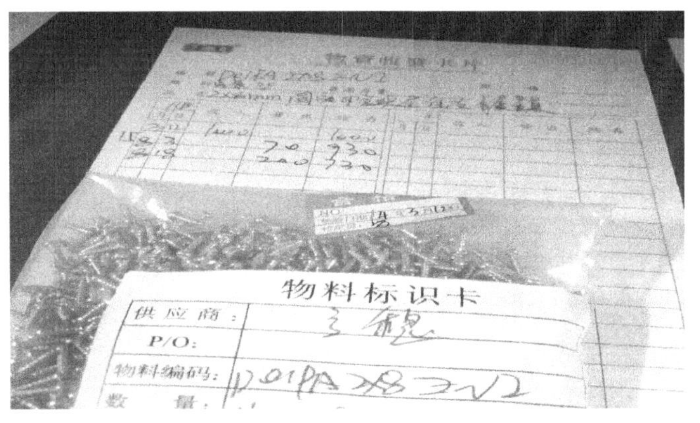

图 10－6　卡上面 730 件，但电脑上查不到账

改善思路：

在线材物料编码优化后，建立仓库改善攻关方案，仓库进行盘点，重新录账，物品摆放的方式进行优化，仓库做到定点、定量、定物管理，确保账物一致，确保物料一目了然，物料好找，防止物料丢失。

（8）组织架构不合理

事实事例描述：

组织架构不合理，没有 PMC 部，业务跟单与采购由同一个人兼职，极不合理。谁都可去催货，谁都说自己的订单急，让车间无所适从。做事的与管事的不能分离，管理的效果就打折扣。

改善思路：

调整组织架构，组建 PMC 部，让采购部脱离业务部，和仓库部一起划归 PMC 部管理。业务部的职能是开发新客户，维护老客户，把客户要求和信息及时正确传达到责任部门。组建稽查部，归属总经理管理，每天向总经理报告工作。

（9）成品打样及样品送出后无人跟进

事实事例描述：

无人跟进样品进度，无人知道样品做到了什么程度。提交给客户后，基本上没有消息，业务员也不去跟，有无订单无人管。

改善思路：

编写样品跟进控制卡，PMC 部要每天跟进样品制作进度，样品提交后，业务员要跟进承认进度，确认是否有新订单下来。

（10）PMC 部职能没有发挥出来，没人做订单上线前的排查动作

事实事例描述：

没有人去发挥 PMC 部的职能，接到订单后，应有一个人机料法排查的动作，根据排查结果，专人进行跟进，防止产品一上线便出现无图纸、无作业指导书及材料不成套的现象。

改善思路：

编写备料控制卡，建立接到订单后，采取多重物料排查机制，确保上线前人机料法及时到位。

（11）沟通方式失控

事实事例描述：

重要资料用 QQ 联系不合适，如工程变更，因为资料没办法保存。

改善思路：

建立工程变更流程控制卡，明确工程变更申请、评审、变更通知、追踪的要求。不管哪个部门提出变更，必须通过邮件或书面形式，不可用即时聊天工具。工程部得到变更申请后，24 小时内评审，回复变更方案。针对其他更新的资料与信息，如订单报价需求、订单变更、打样需求，不允许用 QQ 等即时工具沟通，必须通过邮件方式，写入相关的文件中，如订单评审与变更程序、报价程序、制样与试产管理程序。

（12）职责不明确，PMC 部基本职能没有发挥出来

事实事例描述：

PMC 的职责是做订单评审、生产计划、物料排查、生产协调、异常跟进、生产计划考核、效率核算，但现在没人做这一块。现在业务部直接指挥生产，经常出现撞单现象，IPQC 由 OQC 兼职，很少去巡线，产线出现不良没人能及时发现。

改善思路：

组建 PMC 部，包括生管员兼物控员和仓库组。负责订单评审、生产计划、物料进出管理、产前排查、异常跟进。IPQC 由生产线组长兼职，负责生产巡线。另成立稽查员，专门负责整个公司的程序文件、管理制度、作业指导书及会议决议稽查。

（13）新项目管理失控

事实事例描述：

没有及时传达或培训到相关人员，前期品质不稳定。7 号点歌机量产后出现喇叭烧坏情况，在打样时没有发现，在量产几百台后才发现，导致生产出现很多问题，成本增加。同时新项目上线，经常是 SOP 也没有，BOM 也没有，8 月 21 日生产的特 8PIN（公头材料），做了好几批，没有 SOP。

改善思路：

建立打样试产管理制度，明确电子类产品必须试产 200 台以上，工程、生产、品质评审通过后才可转量产。同时试产前，工程部要把制样记录、BOM、工程签样、检验结果打包发到制造部，制造部制作 SOP，才可转量产。

（14）ISO 流程策划失控

事实事例描述：

ISO 表单基本上流动不起来，表单多。比如品管，每天有大量的进料检验报告和成品检验报告。生产部的设备保养，日保养一张表，周保养一张表，月保养一张表，表单过多，现有人力没办法驾驭这个体系。

改善思路：

重新修改整个 ISO 体系文件，文件要通俗易懂，内容不要太复杂，关键点要写到位。表单尽可能整合到一起，减少表单。如进料检验报告，不需要一批料一张表，可以做成进料检验日报表，OQC 成品检验也一样。设备保养只有一张表单，不需要用 4 张表单解决设备保养问题。

（15）采购准交率低，供应商配合不好，品质问题重复发生，供应商参差不齐，线材厂商更突出

事实事例描述：

采购反映准交率只有 60% ~80%，但针对如何提升准交率，没有改善方案。供应商品质异常处理不积极，或不改善。对供应商的品质保证能力、供货能力没有评估，严重影响本司的生产。

改善思路：

对现有供应商重新进行考核、筛选，只有合格供应商名单上的供应商才可向其采购。同时制订采购准交率攻关方案，制订供应商考核标准，对表现优秀的供应商进行奖励，对表现差的供应商进行淘汰，提高供应商的积极性，提升整个供应链的供货能力，达到客户、供方双赢。

（16）员工积极性低

事实事例描述：

生产线作业员积极性低，绩效考核不科学，报表没有记录每个作业员的不良数和生产数。上班聊天大有人在，手机放在作业台边上，做事不在状态。效率低下，制程不良高。绩效考核只是凭感觉，没有数据。

改善思路：

建立生产部绩效考核方案，明确标准产能，每天算员工效率、良率、工作态度，每天、每周统计数据，每月进行考核，提升员工积极性，提升产能与良率。

（17）现场 5S 混乱

事实事例描述：

各部门各区域无标示，或标示不好，不良品区没有隔离，东西摆放不美观，作业指导书不全，员工也没有按作业指导书作业的意识，5S 做得很差（如图 10－7、图 10－8 所示）。

图 10－7　物料摆放不整齐

图 10－8　作业指导书不全

改善思路：

建立 5S 推行 PK 方案，明确 5S 推行进程，明确 5S 各区域要检查的点，每周至少稽查 2 次，每周进行考核与奖励。通过 5S 提升员工整体素质，提升品质意识，增强客户的信心。

（18）产品追溯性差

事实事例描述：

产品追溯性差，产生异常，没办法追溯到员工、生产日期、当时生产条件、机台号。没有原始数据，品质改善原因分析只有凭感觉（如图 10－9 所示）。

图 10－9　产品出现问题无法追溯原因

改善思路：

建立追溯管理制度，产品标签上注明批号，生产报表、检验报表都要记录批号，通过批号追溯机台、人员、当时生产条件、供应商，找到问题产生的真正原因。

（19）检验无检验动作指导书、检验基准书

事实事例描述：

查首检、巡检记录，检验的依据是作业指导书，但作业指导书现在也不全，检验动作要求没有规范，检验的项目基准不明确。

改善思路：

制定首检基准书、首检动作指导书、巡检基准书、巡检动作指导书、OQC 检验动作指导书、OQC 检验基准书、来料检验基准书、来料检验动作指导书，明确标准、动作要领，减少错检、漏检。

(20) 员工培训，能力鉴定失控

事实事例描述：

新员工培训无教材，培训内容不明确，考试的试卷有错误，无员工能力鉴定动作。员工能否胜任岗位不清楚。在生产线问个别员工，他们不清楚作业指导书在哪儿，对自检要求也回答不全。

改善思路：

制作新员工培训教材和年度培训计划，通过培训提升员工品质意识、工作能力，从而提升品质与效率。

(21) 无品质改善活动

事实事例描述：

没有品质日报、品质周报、品质月报，所有人不知道哪个员工品质好，哪个部门品质好，哪个时间段品质好，都是凭感觉。没有品质改善例会，如 SPC－04687 在 2014 年 12 月 30 日被投诉数据线不良。发生对策应从源头上去改善，如供应商制程、本公司来料检验多重控制方式等。改善的方法要有可跟进性，不可跟进的方法都是无效的。改善报告应由责任单位来写，品质部包办代替是没有用的（如图10－10 所示）。

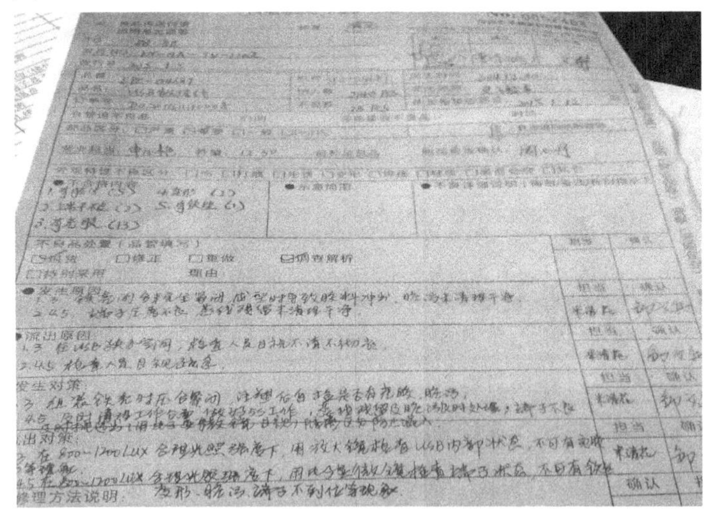

图 10－10　改善报告应由责任单位来写

改善思路：

制订日报、周报、月报制度，定期报告生产品质数据，找到关键问题点，对员工起到一定的激励作用。

（21）执行力不高

事实事例描述：

很多部门反映说了东西没人落实，文件制度没有权威性。

改善思路：

组建稽查部，专属总经理管理，每天频繁稽查，每天公布稽查结果，每周算执行力排名，所有不执行、不落实的信息都给总经理一份，让问题无处可藏，暴露在阳光下。

（22）财务数据没有核算

事实事例描述：

财务数据没有核算，大家不知道自己的成绩，不知道自己做得好还是差。大家都认为公司利润特高，甚至暴利，其实真实数据不是这样。

改善思路：

建立财务数据公开制度，财务部要及时统计以下数据：每个订单的制造成本、人工成本、材料成本占销售额的比例，及每月电子线材库存金额。同时，每月召开改善会议，降低成本，做出改善决议。

附件4　质量体系推行计划（如表10－5所示）

表10－5　东莞MJ项目ISO9001改善推行计划

序号	问题点	方案	启动时间	完成时间	责任老师	备注
1	新项目报价失控	报价程序，ISO流程与表单优化。	8月27日	10月14日	冯老师	
2	客户关系维护失控	客户售后服务程序，ISO程度与表单优化	8月27日	10月14日	冯老师	
3	业务员的积极降低	业务部绩效考核方案，其他部门绩效考核方案	11月1日	11月19日	谭老师	6
4	ERP系统在线材编码失控	线材编码规则	8月27日	9月5日	谭老师	2
5	物料申购失控，紧急采购多	采购周期与最低采购量标准	8月27日	10月14日	冯老师	
6	物料成本管理失控	物料管理程序，明确发料、退料、补料流程，生产完的订单多余料必须入库，每个订单完成要核算材料损耗	8月27日	10月14日	冯老师	
7	物料贮存管理失控	仓库盘点制度，仓库整改攻关方案，仓库区域规划图，二楼车间化一块地放端子料	8月27日	10月14日	冯老师	
8	组织架构不合适	组建PMC，稽查部，采购部脱离业务部	8月27日	10月14日	谭老师	1

续表

序号	问题点	方案	启动时间	完成时间	责任老师	备注
9	成品打样及样品送出后无人跟进	制定打样与送样管理制度，写进产品开发程序	8 月 27 日	10 月 14 日	冯老师	
10	PMC 职能没有发挥出来，没人做订单上线前的排查动作	物料提前排查与备料制度，写进生产计划与物料计划程序	8 月 27 日	10 月 14 日	冯老师	
11	沟通方式失控	工程变更、订单、打样、重要信息资料不可用 QQ 联系，必须要用邮件，写进工程变更程序、订单评审程序、产品开发程序中	8 月 27 日	10 月 14 日	冯老师	
12	责任不明确、PMC，IPQC 基本职能没有发挥出来	部门职责，三定卡	9 月 1 日	10 月 25 日	谭老师	2
13	新项目管理失控	样品转量产制度，写进产品开发程序	8 月 27 日	10 月 14 日	冯老师	
14	采购准交率低（线材更严重）	制定采购准交率攻关方案，供应商考核方案	9 月 1 日	10 月 25 日	谭老师	5
15	员工积极性低	制定生产部绩效考核方案，生产部产能激励方案	9 月 1 日	11 月 18 日	谭老师	4
16	现场 5S 混乱	5S 整改方案，攻关方案	8 月 27 日	10 月 14 日	冯老师	

续表

序号	问题点	方案	启动时间	完成时间	责任老师	备注
17	产品追溯性差	产品标示与追溯程序	7 月 27 日	10 月 14 日	冯老师	
18	无检验动作指导书及检验基准书	制定检验动作指导书、检验基准书	8 月 27 日	10 月 14 日	冯老师	
19	员工培训、能力鉴定失控	完善人力资源程序	8 月 27 日	10 月 14 日	冯老师	
20	无品质改善活动	品质例会制度，品质数据分析程序，纠正预防措施填写指导书	8 月 27 日	10 月 14 日	冯老师	
21	执行力不高，无人稽查	组建稽查部，专属总经理负责，建立稽查制度，提升制度决议的执行力	8 月 27 日	11 月 18 日	谭老师	1
22	财务没有核算库存金额，没有对每个订单的制造成本进行核算，没有统计材料成本、人工成本占销售额比例	制定财务数据公布制度，财务部统计：材料成本、人工成本占销售额比例，库存金额，每个订单制造成本	8 月 27 日	11 月 18 日	谭老师	4

（二）相关流程文件

1. 管理评审程序

1.0 目的

本文件制定管理评审之程序，评价工厂质量/环境方针、目标（指标）贯彻的成效，并寻求改善，以确保质量、环境管理体系持续的适宜性、充分性及有效性。

2.0 范围

本文件适用于质量/环境管理体系的评审。

3.0 定义

管理评审：对品质/环境管理过程及活动的适宜性、充分性、有效性进行检讨及改善，致力于达成既定的质量/环境方针、目标（指标），同时对未达成之项目提出改善对策、方案，并以文件形式输出评价活动。

5.0 职责

5.1 总经理

5.1.1 出席及主持管理评审会议（必要时可授权某人主持）；

5.1.2 工厂质量/环境方针和目标、指标的修订及其他输出事项的最终决定。

5.2 管理者代表（MR）

5.2.4 负责管理评审会议的召集；

5.2.5 验证管理评审决议事项的执行情况。

5.3 品质部

5.3.1 记录及保存管理评审会议记录；

5.3.2 组织管理评审活动；

5.3.3 协助管理者代表开展相关工作。

5.4 各部门负责人

5.4.1 收集管理评审会议所需资料和信息；

5.4.2 出席管理评审会议及提出有关议案；

5.4.3 管理评审决定事项的执行。

6.0 程序

6.1 管理评审会议之时期

6.1.1 定期评审：本公司之管理评审会议至少每年举行一次，一般安排在内部审核之后举行；

6.1.2 临时评审：如有任何特别情况需要（质量/环境发生重大异常时），管理者代表向总经理提出召开特别管理评审会议，以讨论有关本公司质量/环境管理体系之事宜。

6.2 本公司管理评审的成员包括：

a）主席：总经理（或其授权人）；

b）成员：总经理、工场长、管理者代表、各部门负责人，必要时邀请顾问参加。

6.3 管理评审的输入

6.3.1 质量管理评审应收集的信息：

a）审核结果（内部及外部审核）；

b）相关方反馈的信息（包括抱怨）；

c）可能影响质量管理体系的变更，包括质量方针、质量目标达成情况及改进需求；

d）纠正、预防措施结果的报告；

e）前次管理评审的跟进情况；

f）对本公司各过程的监测分析情况及产品满足客户要求方面的信息；

g）改进的建议及可能引起体系变更的事项；

h）各部门的其他提案；

I）外部供方；

J）数据分析与评审结果。

6.3.2 环境管理评审应收集的信息：

a）内部审核和合规性评价的结果；

b）和外部相关方的交流，包括投诉与抱怨；

c）组织的环境绩效；

d）目标、指标的实现程度；

e）纠正和预防措施的状况；

f）以前管理评审的后续措施；

g）外界条件的变化，包括有关法律法规和其他要求发生的变化；

h）改进的建议。

6.4 管理评审会议的统筹

6.4.1 管理者代表在会议前编制会议议程，拟订讨论事项，至少提前一周发放至参会人员；

6.4.2 各部门应根据会议主要议题，搜集有关资料和信息；

6.4.3 若各部门有其他建议，须在会议一周前提交管理者代表进行确认；

6.4.4 管理者代表根据会议日程安排及问题的重要性，决定是否纳入本次会议，若不纳入，应及时反馈至提报部门。

6.4.5 会议讨论内容应包括：

a）检讨现行质量/环境管理系统之适宜性、充分性和有效性；

b）检讨过去之质量/环境改善成效，并讨论及制订未来一年之质量/环境改善计划；

c）检讨及确定工厂之质量/环境政策及目标指标；

d）内外部审核及合规性评价结果的总结报告；

e）和外部相关方的交流，包括投诉；

f）所有纠正及预防措施报告；

g）以前管理评审的后续措施；

h）其他与质量/环境有关之事项。

6.5 管理评审的输出

6.5.1 质量管理体系的评审的输出：

a）质量管理体系及其过程需要改善的事项；

b）产品的改善事项；

c）确保质量管理体系有效运行及提高顾客满意度所需的资源。

6.5.2 环境管理体系的评审的输出：

a）为实现持续改进的承诺，确定环境方针、目标/指标的适宜性及有无修订的必要；

b）确定环境管理体系的其他要求有无修订的必要。

6.6 会议记录

6.6.1 会议讨论的事项及结论记录在《管理评审会议记录》上；

6.6.2 会议记录须呈交总经理做最后审核，并在会议结束后向各部门发放会议记录；

6.6.3 记录正本由文控中心保存，按《记录控制程序书》管制。

6.7 会议决定事项的执行与跟进

6.7.1 各部门须根据会议报告之内容执行决议的事项；

6.7.2 品质部负责人须根据有关工作之进度及成效，向总经理做报告。

7.0 附件

7.1《管理评审会议记录》

8.0 流程图

2. 管理评审流程图（如图 10－11 所示）

权责部门	流程图	记录表单
品质部 管理者代表	评审的组织与策划	
各部门	资料、信息收集整理	评审报告
各部门	实施评审	
总经理 管理者代表	评审输出	管理评审会议记录
责任部门	决议执行	
管理者代表 品质部	跟踪验证（NG：返回决议执行；OK：进入记录保存）	
文控中心	记录保存	管理评审会议记录

图 10－11 管理评审流程图

3. 文件管理程序

1.0 **目的**：为了对文件的制订、发放、修改、作废及回收进行有效控制，以保证各部门使用的文件为最新版的有效版本。

2.0 范围：所有受控文件及资料（如表 10－6 所示）。

表 10－6　文件管理程序的范围

<table>
<tr><td>文件类别</td><td>制订</td><td>审查</td><td>核准</td><td>管理</td></tr>
<tr><td>品质纲领</td><td>指定部门</td><td>管理者代表</td><td>副总/总经理</td><td rowspan="3">文控中心</td></tr>
<tr><td>程序文件</td><td>指定部门</td><td>管理者代表</td><td>副总/总经理</td></tr>
<tr><td>作业标准</td><td>使用部门</td><td>部门主管</td><td>部门经理</td></tr>
<tr><td>表格</td><td colspan="4">随相关程序、作业标准等文件一并审核</td></tr>
</table>

3.0 权责

3.1 文控中心：负责文件的发放、回收、作废。

3.2 相关部门：负责文件变更的申请及本部门使用文件的保管。

4.0 定义

4.1 品质纲领（一阶文件）——执行质量管理体系中的过程顺序及其相互关系之陈述，依照行业属性，明确其范围之文件。

4.2 作业程序书（二阶文件）——依照 ISO9001 标准之有关要素所要求的文件化程序，是执行品质/环境管理体系有关要素的具体实施文件。

4.3 作业指导书（三阶文件）——依照人员的技术与训练程度，并结合作业过程的复杂程度与关联性，而制订的实施细则。

4.4 表单、记录（四阶文件）——执行品质/环境管理活动所填写的标准格式及相关记录。

4.5 外来文件：国际标准、客户提供之图纸和相关之品质标准、文件或资料，法律、法规及其他要求等。

4.6 受控文件：凡会影响作业品质之文件，如公司品质/环境手册、程序书、作业指导书及表单、外来文件，均列入文控中心予以统一发行。

5.0 作业内容

5.1 文件之外观格式按文控中心确定的格式为准。

5.2 文件之架构

a）目的：叙述编写此文件之意图；

b）范围：叙述此文件之适用于组织内特定人、物、事、地；

c）定义：说明此文件中特殊或专用名词、词汇之意义；

d）权责：界定此文件中相关单位之工作内容；

e）作业内容：叙述特定人员在何种时机或状况，以何种方式执行某种特定工作，并产生某些记录、报告，作为实际作业现况之依据；

f）参考资料：叙述此文件中所引用参考其他文件之名称及资料；

g）附件表单：执行此文件所产生之记录表单表格。

5.3 文件编写

a）品质/环境手册、程序书编码系统（如图 10－12 所示）；

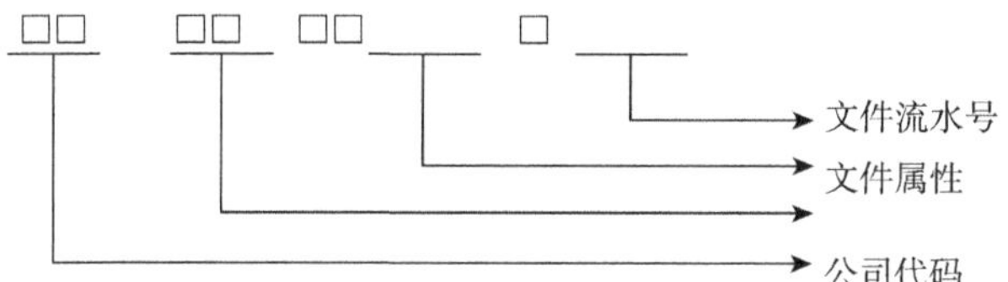

图 10－12 品质/环境手册、程序书文件编码系统

b）作业指导书文件编号系统（如图 10－13 所示）；

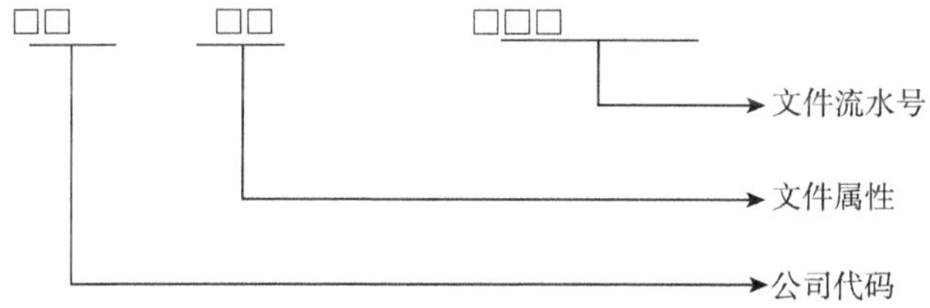

图 10－13 作业指导书文件编号系统

c）文件属性码，名称（类别）

1）QM 品质纲领（一阶文件）；

2）SP 作业程序书（二阶文件）；

3）WI 作业指导书（三阶文件）；

4）D 外来文件（客户提供图纸除外）；

5）Q 代表质量管理体系；

6）E 代表环境管理体系；

7）U 代表质量环境管理体系共用；

8）ZS 代表公司。

d）流水号

作业程序书以阿拉伯数字 01、02、03……为顺序，品质/环境手册无流水号。

作业指导书、外来文件以阿拉伯数字 001、002、003……为顺序。

e）文件附件及表单编号

封面、修订页及内容页、附件不加编号，表单编号在表单右下角，其编号如图 10－14 所示：

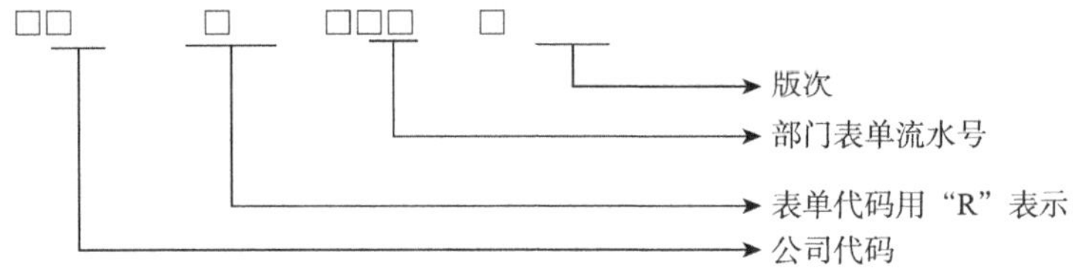

图 10－14 表单编号

1）部门代码对照表（如表 10－7 所示）：

表 10－7 部门代码对照表

部门	代码	部门	代码	部门	代码
总经理室	JL	文控中心	WK	业务部	YW
PMC 课	PMC	工程课	GC	品质部	PZ
生产部	SC	行政部	XZ		

2）部门表单流水号

所有部门的表单以阿拉伯数字 001、002、003……为顺序的流水号（外来文件依以上 5.3a～d 编号执行）。

3）版本

表单版本以英文字母 A、A1、B、B1、C、C1…Z 为顺序，A1 为第一次修改，改了两次后升 B 版本。

f）页次：以内容、作业流程图为页次，其他附件不编页次。

g）附件应于表单右上角标示“附件×”。

5.4 版次变更

a）第一次制订之原案为 A 版，第一次修改以“A1”表示，“A2”为第二次修改，修改两次后，以 B 开始重新编号。

b）若有修改，经同意后重新改版发行，则封面版次以 A、A1、B、B1、C、C1…Z 为顺序。

5.5 版次变更

a）品质/环境手册页版次项，以“×/×”表示，其中前一个“×”用字母表示版本，某版本的第一版次用“A”表示，其中后“×”用阿拉伯数字表示版次，版次变更后用“1”表示，依此类推。如“A2”表示 A 版之第 2 版次，即第二次修订。

b）程序文件及三阶文件之作业指导书，有版本加版次，以 A\B\C 加阿拉伯数字表示，首版本为“A 版”，版本变更后为“A1、A2……版”、“B1、B2……版”，依此类推。

5.6 文控中心进行复印，在文件每页内盖上文件发行受控章，原版文件于反面右上角加盖文件发行受控章，也可以不盖章，保存于文控中心。

a）发行文件时由文控中心用《文件收发记录表》，要求文件接收单位签收，内容包括接收份数、日期、接收人姓名。

b）若文件破损或丢失，或因工作需要，需文控中心增发/补发文件时，相关部门可填写《文件修改补发申请单》，经上级主管核准后，将《文件修改补发申请单》交文控中心，由文控中心及时按 5.6 进行发行作业。

c）品质/环境手册、程序书发到部级以上单位，作业指导书发到使用部门。

5.7 文件之增订、修订、回收、作废

a）需对文件进行修订/增订之部门要填《文件修改补发申请单》并连同文件初稿交核准后，送文控中心，文控中心核准《文件修改补发申请单》及文件初稿是否按规定格式施行及被核准，若为新增文件，由文控中心对其编号，对初稿文件按 5.2、5.3 进行排版、列印，依 5.6、5.7b 进行收发；

b）文控中心发行修订后之文件时，应将旧版文件与新版文件一对一抽换回收，若现行使用文件被申请作废，由文控中心按《文件收发记录表》进行全数回收，在《文件收发记录表》备注栏内注名作废，该作废文件编号不再使用；

c）表单的增订、修订由使用部门直接进行，但须经过文控中心受控，原使用表单作废，启用修改之表单；

d）所有回收之受控文件由文控中心盖红色“作废文件”章，予以作废。

e）受控文件的电子档都要在文件更改发行的同时发给文控中心一份备查。

5.8 文件表单的管理

a）公司所有正在使用之内部受控文件、表单，文控中心须保留一份原件，并对文件记录于《文件总览表》、表单记录于《表单总览表》。

b）废止/修订的旧版文件、表单原件由文控中心盖上“作废文件”红色章，与现行使用的文件、表单隔离，并对其归档标识、保存，且文控中心只保留与现行使用表单/文件版本最接近的那一份。

c）作废、修订过的旧版文件原件须保存半年，已过保存规定期限时，由文控中心进行销毁，已过保存期限的其他品质、环境记录自动作废，各使用部门自行销毁。

5.9 文件受控作业各种印章之使用

a）受控文件章：盖于每一页正面，一律使用红色。

b）作废文件章：盖于作废文件之每一页正面，一律使用红色。

5.10 借阅及复印

a）严禁私自复印各项受控文件；

b）欲借阅其他单位之文件，需至文控中心填写《文件修改补发申请单》，经文控中心同意后，始能至文控中心借阅。

c）欲复印本单位及其他单位之文件，需至文控中心填写《文件修改补发申请单》，管理者代表签字同意后，方能到文控中心复印，文控中心应在复印文件上盖“受控文件”章。

5.11 外来文件之受控

a）本公司各部门接到外来文件需送至文控中心，经管理者代表核准后，文控中心应登录于《文件总览表》中，如需发行时，则由文控中心按 5.6、5.7b 进行收发等作业，外来文件无版次区分时，以最近发行日期为有效版次。

6.0 相关文件

6.1 品质记录控制程序

7.0 使用表单

7.2 文件总览表

7.3 表单总览表

7.4 文件修改补发申请单

7.5 文件收发记录表

4. 文件发放流程图（如图 10－15 所示）

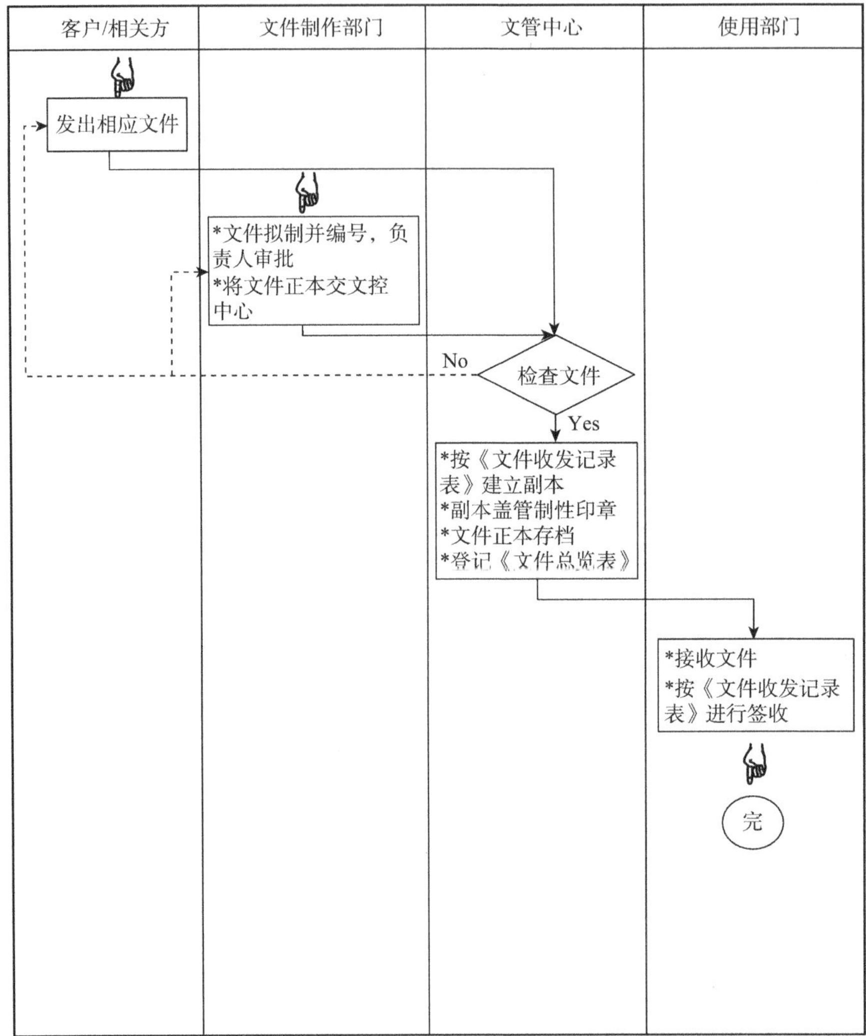

图 10－15 文件发放流程图

5. 文件修订、回收、作废流程图（如图 10 – 16 所示）

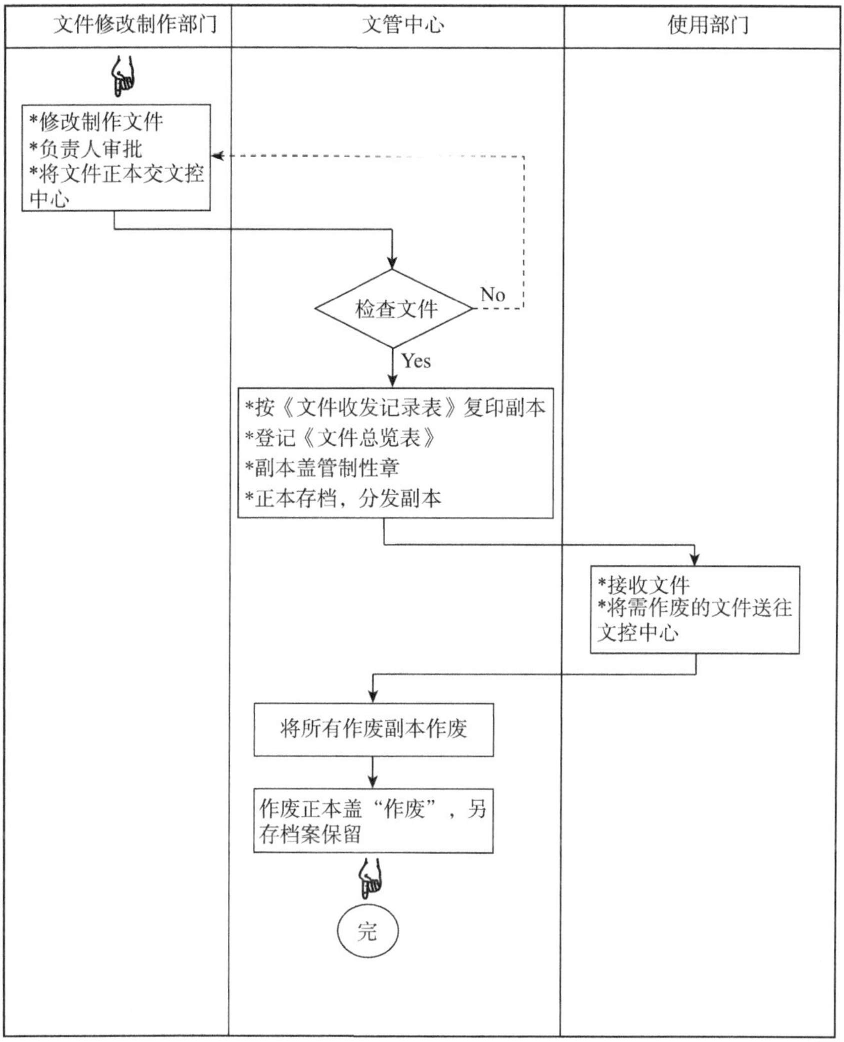

图 10 – 16 文件修订、回收、作废流程图

6. 不合格品控制程序

1.0 目的

为确保不合格品得到识别和控制，以防止不合格品非预期的使用或

交付，特制订本程序。

2.0 范围

适用于原料进货到生产过程及交付全过程产生的不合格品，以及客户退货之产品等各类不合格品的控制。

3.0 职责

3.1 品质部负责对不合格品的判定和评审工作及记录事故的分析和处理。

3.2 生产部门负责不合格品的选别、返工、特采申请及报废申请，并记录处置过程和结果。

3.3 PMC 部负责与供应商的联络和协调工作，并参与不合格品的评审。

3.4 仓库负责对外购物料做好不合格品的标识、记录和隔离工作，并具体实施对不合格品的处置。

3.5 总经理负责对不合格品处理的批准、监督和管理。

4.0 参考文件

4.1《记录控制程序》。

4.2《纠正和预防措施控制程序》。

5.0 定义

5.1 不合格品：没有满足产品的特性及要求或不符合标准的物料、半成品、成品。

5.2 报废：为避免不合格产品原有预期使用而对其采取的措施，例如回收、销毁。

5.3 让步放行：对使用或放行不符合规定的产品许可，让步通常仅限于在商定的时间和数量内，对含有不合格特性的产品的交付。

6.0 程序要求

6.1 不合格品的识别

6.1.1 本公司不合格品主要有以下几类：来料检验所发现的不合格品；生产过程中发现的不合格品；制程检验发现的不合格品；成品检验

发现的不合格品；交付后顾客发现的不合格品。

6.2 不合格品的控制

6.2.1 不合格品被发现后，必须经过记录、标识、隔离、评审、处置和质量事故调查，未经过上述程序不得投入使用、加工和交付。

6.2.2 处置方式分：拒收或退货（指材料），全检选用，返工返修或不经返修做让步放行或改作他用、报废等。

6.3 来料的不合格品控制

6.3.1 物料回公司后以批量为单位放置于待检区，由仓管员通知品质部对来料进行检验和测试，来料经检验判定为不合格时，品质部标示不良现象，并盖 NG 章，将物料放置于退货区，然后由检验员开出《来料检验报告》，交品质部主管确认并做处理意见。

6.3.2 仓管员要及时通知采购，由采购联络供应商到公司处理或退货，或依据销售合同进行处理，适用时品质部向供应商发出《供应商来料异常报告》，并跟踪处理结果。

6.4 生产过程中发现不合格品控制

6.4.1 对于生产过程中发现的不合格来料、物料，由操作人员在不合格品上做好标记，品质部盖上 NG 章，生产部放在不良品区，并适时对不合格品进行分类和整理，由车间主管进行清点并开具《补（退）料单》退回仓库，仓库对不合格物料进行核对登记，并通知品质部和采购部负责处理。

6.4.2 对于生产过程中发现的不合格产品，由操作人员将其贴上红色不良箭头标或者红色胶纸，按生产顺序流程，在模切部排出，不良现象、不良数量记录在生产日报表。

6.4.3 对于生产过程中由 QC 抽检或操作员自检发现的不合格品，由操作人员对其贴上红色不良箭头标或者红色胶纸。成品检验中发现的不合格产品要放在不良品筐，由 QC 开具《成品检验报告单》，交品质部主管确认和处理。

6.4.4 对于已交付或已开始使用的不合格产品，业务部、品质部应针对不合格所造成的后果及时与顾客协商解决办法，如调换、返修等。业务部、品质部根据顾客反馈的不良情况，发出 MRB 报告进行评审处理，适用时向责任部门发出《纠正预防措施单》。

6.5 不合格品的评审

6.5.1 对发现的不合格产品或物料按照 MRB 报告进行评审处理，对批量严重不合格品，相关人员不能私自决定返工或返修，由责任部门或品质部开具 MRB 报告进行评审处理，由业务、工程、PMC、生产部等部门评审做出退货、选用、返工、报废或让步放行的决定，意见不同时报总经理定夺。

6.5.2 评审内容：

①异常原因分析；

②纠正和预防措施；

③影响质量的程度（外观、可靠性、安全性）及后果；

④对下一个过程的影响及后果；

⑤处置意见及处置方案的可行性分析、评价。

6.5.3 根据不合格品对产品质量的影响程度，对不合格品的处置必须在充分分析原因的基础上进行。针对问题和造成不合格的原因，提出具体可行的处置方案，由品质部监督实施。

6.6 不合格品的处理

6.6.1 生产部对生产过程中的不合格品要予以明确的标识，应采取以下方式隔离：对生产的不合格半成品，按生产顺序流程，在模切部排出，或成品检验全检选出放入不良品框。

6.6.2 当不合格品经 MRB 判定需返工、返修、全检选用时，由责任部门进行返工，记录生产日报表或成品检验日报表。

6.6.3 当不合格品初步判定为让步放行或特采时，由责任部门申请进行 MRB 评审。合同有要求时，使用返修和让步放行的产品应经顾客同意。当影响到产品使用性能时，应经顾客同意才能放行。

6.6.4 判定为报废的不合格品，由车间主管填写《报废申请单》，经品质部组织进行核实，报总经理批准后才能予以报废。如发现欠数，知会上一工序立即开补料单，注明原因补数。

6.6.5 客户退回的不合格品由品质部开具 MRB 报告进行评审处理，不合格品处置方案确定后，由品质部组织实施，责任部门按处置方案进行处理。

6.6.6 所有不合格品经返修、返工后，由品质部安排人员重新检验和判定，并保持记录。

6.6.7 若属环境物质超标不合格，立即放置在环境不合格待处理区，第一时间报告管理者代表并呈报副总经理/总经理，由总经理协调处理。如确认属环境物质超标则必须得到客户的同意后才能交货，同时，由品质部开出《纠正预防措施单》给责任单位，限期全面调查整改，提出有效的对策，品质部负责跟踪确认。

7.0 相关记录

7.1 来料检验报告

7.2 补（退）料单

7.3 制程中材料不良处理记录单

7.4 报废申请单

7.5 品质异常反馈报告

7. 记录管制程序

1.0 目的

记录公司管理体系有效运行的见证性文件，必须进行识别与维护，为公司管理体系的正常运行提供良好的保证。

2.0 范围

凡本公司《记录清单》中所列的各种记录与报告均适用。

3.0 权责

3.1 各部门：记录的管制、建档、维护和保管等工作。

3.2 文控中心：保存《记录清单》的最新版本。

4.0 定义：无

5.0 作业内容

5.1 记录管制

各项记录表单均使用文控中心受控表单，记录的修改必须经签名确认，不可乱写乱画，所有签名必须是工整可辨认的，不可用红色笔、铅笔等。凡经最终核准后之记录表单，若再修改均须经最终核准人员同意，记录文件由单位委派负责人进行收集、统计、整理，统一装订成册，或用文件夹装好，并用文字标识清楚记录原因。

5.2 记录之鉴别、建档、索引

记录存放时，应与非管制性记录区隔开，识别、建档、储存时须分门别类予以归档，并加以标识以方便快速查找。

5.3 记录之保存与维护

记录单位在保存资料时，需对各种记录安排适当的位置或使用文件夹，同时应考虑储放环境，以防止资料记录损坏或模糊，确保资料的安全存放。

5.4 记录之废弃

记录超越保存期限者，自动作废，由相关部门自行销毁。

5.5 记录之保存期限与保管单位

记录由各部门根据需要提出保存期，文控中心汇总制订《记录清单》；若法规或客户有特别要求者，必须符合其要求。须受控分发的记录按《文件控制程序》实施。

6.0 使用表单

6.1 记录清单

8. 内部审核管理程序

1.0 目的

验证 ISO 体系是否被有效实施，以便及时发现问题并采取纠正措施，维持各项作业之有效性和系统的持续改进。

2.0 范围

适用于品质/环境体系的内部审核。

3.0 权责

3.1 审核组长：审核计划的制订及内审统筹工作。

3.2 审核员：审核不符合的改善、追踪确认。

3.3 被审部门：配合内审的执行，提供支持证据。

4.0 定义

4.1 主要不符合事项。

4.2 审核：为获得审核证据并对其进行客观的评价，以确定满足审核准则的程度所进行的系统的、独立的并形成文件的过程。

4.3 审核准则：用作审核依据的一组方针、程序或要求。

4.4 审核证据：与审核准则有关的并且能够证实的记录、事实陈述或其他信息。

4.5 不符合事项：一些未能达到既定标准或要求之事项。

5.0 作业内容

5.1 作业流程见流程图（如图 10 – 16 所示）。

5.2 在内审前二周由管理者代表任命内审组长及内审员。

5.3 由内审组长拟定《内部审核作业日程表》，呈管理者代表核准后，据以执行内审。

5.4 当公司组织架构与权责有重大变动或品质、环境系统有较大变更及重大品质事故、环境事故时，由管理者代表提出进行临时审核计划。

5.5 被审核单位之审核人员，不得参加自己部门的审核作业。

5.6 审核方式

5.6.1 公司每年至少定期进行一次内部审核。

5.6.2 审核前一周，由审核组长发出《内部审核作业日程表》，通知受审核部门与审核员。

5.6.3 审核前，审核组长召集审核小组全体成员举行会议，依据上次审核状况及目前各单位之体系执行情况，说明本次审核之范围与重点，并制订《内部审核检查表》。

5.7 审核执行

5.7.1 审核前，应由审核组长召集审核员与被审核部门人员举行首次会议，确定审核的范围及时间、人员的安排。

5.7.2 审核员依据《内部审核检查表》，要求被审核部门提供相关文件，上次审核报告作为指引或参考，如上次审核仍有未结案之纠正措施，应在本次审核时予以追踪，应对审核结果加以说明，如符合、不符合、不适用等，记录于《内部审核查检表》上。

5.7.3 审核员对内审组长确认的不符合事项须填写《内部审核纠正措施通知书》。

5.7.4 内审完成后，审核组长召集审核员与被审核部门课长、经理、管理者代表、总经理参加总结会议，说明审核结果，宣布所有审查发现的缺失事项，并限期提出纠正措施、改善报告，送交审核组长，以便追踪改善结果。

5.8 审核结果

5.8.1 审核组长应根据结果汇总编制一份《内部审核总结报告》，由管理者代表审核，总经理核准。

5.8.2 对未达成预期改善效果之《内部审核纠正措施通知书》，重新开具《内部审核纠正措施通知书》给责任单位，填写改善措施，并予以再追踪直到改善合格为止。

5.9.4 内部审核记录按《品质记录管制程序》执行。

6.0 相关文件

6.1 纠正与预防措施管制程序。

7.0 使用表单

7.1《内部审核作业日程表》。

7.2《内部审核检查表》。

7.3《内部审核纠正措施通知书》。

9. 内审流程图（如图 10－17 所示）

管理者代表	审核小组	被审核部门
确定年度审核计划		
	内部审核员选定	
选定审核组长		
	编写内审作业日程表	
审批		
	现场审核通知	
	组长主持首次会议	
	现场审核、记录	
	填写纠正措施预防通知书	
		负责人确认签名
	召开内审总结会议 拟定审核总结报告	
审批审核报告		
	分发纠正措施通知书	
		填写纠正预防措施
	追踪改善效果	
	结案	
提报管理评审会议		

图 10－17 内审流程图

10. 纠正措施与横向展开管制程序

1.0 目的

1.1 为了及时纠正品质异常及预防问题的重复发生而制订适当之

措施。

2.0 范围

2.1 凡进料、制程、成品和客户投诉及各阶段之品质问题、环境问题、内审结果与管理审查结果之纠正与预防均适用。

3.0 权责

3.1 品质部：品质问题的反馈及组织有关部门主管就跨部门品质问题而共同制订纠正与横向展开措施，并追踪记录和确认横向展开及改善效果。

3.2 责任单位：纠正与横向展开措施的制订与执行。

4.0 定义（无）

5.0 作业内容

5.1 定义（无）

5.2 纠正时机

5.2.1 客户有重大抱怨。

5.2.2 内部审核之不符合项。

5.2.3 管理审查决议事项。

5.2.4 同一款同一种不良状况重复发生。

5.2.5 发生重大品质问题或环境问题。

5.2.6 来料不良或制程不良超过5%。

5.3 纠正措施

5.3.1 当进料或外发加工回厂之产品品质问题、环境问题需对供应商提出纠正措施，由品质人员将《来料检验报告》移送采购，并提出对供应商的处理意见，填写《供应商来料纠正横向展开报告》，描述清楚不良现象，要求采购人员发给供应商采取措施。

5.3.2 采购人员接到品质部的资讯后需30分钟内通知供应商，并跟进其相关的处理措施。供应商3天内回复。

5.3.3 当生产制程或成品检查有品质异常、环境异常问题发生，且符合纠正时机，由品质部巡检人员填写《纠正横向展开单》，具体描述清楚不符合的情况，并做出原因分析，必要时和责任单位共同进行原因分析，送交相关责任单位主管，要求 48 小时内拟定相关对策进行改善。

5.3.4 当品质部接获客户相关问题投诉时，品质部应搜集相关资料进行分析，必要时召集相关责任单位共同研讨，查找问题原因，制订改善措施，并在 48 小时内回复客户（客户特殊要求除外）。

5.3.5 当有内部稽核结果，管理审查决定不符合项，其他改善报告不符合时，应立即进行原因分析，制订出纠正措施及完成时间表。

5.3.6 责任单位拟订对策后，应会同品质部门对对策的可行性及影响程度进行评估，当认为可行时，再采取拟订的措施，改善过程中如有对策需要变更时，与品质部门协调，取得一致后，方可调整执行。

5.4 效果确认

5.4.1 对供应商或外发加工商的改善措施之效果，由采购人员和品质部于下批来料前进行确认，如合格后则继续合作，如未达到效果，则请供应商再次改善或派人到供应商处协助其改善。

5.4.2 品质部应于预定完成日期后 15 天内对责任单位的纠正横向展开效果进行确认，如确认效果改善不够或仍有同样的不符合情况存在，要求责任单位重新拟订对策，必要时提出横向展开。横向展开的采取，重复上述作业。

5.4.3 如改善合格，则由现任单位对相关的指导文件按《文件管理程序》提出修改，执行标准化。

5.5 横向展开

5.5.1 横向展开时机

a）纠正措施执行后有必要采取横向展开；

b）各单位根据相关记录进行统计分析发现潜在不良状况时需采取横向张开；

c）环境管理方面潜在超标或违规需要采取横向展开。

5.5.2 当有上述横向展开需要时，由各部门主管上报管理者代表，由管理者代表组织相关责任单位召开会议，具体审查不符合现象发生的状况，并对纠正措施及效果进行确认。

5.6 纠正与横向展开的相关记录应适当保存，参考《品质记录管理程序》执行。

6.0 相关文件

6.1《文件管理程序》。

7.0 使用表单

7.1《纠正措施与横向展开报告》。

12. 纠正与预防措施流程图（如图 10－18 所示）

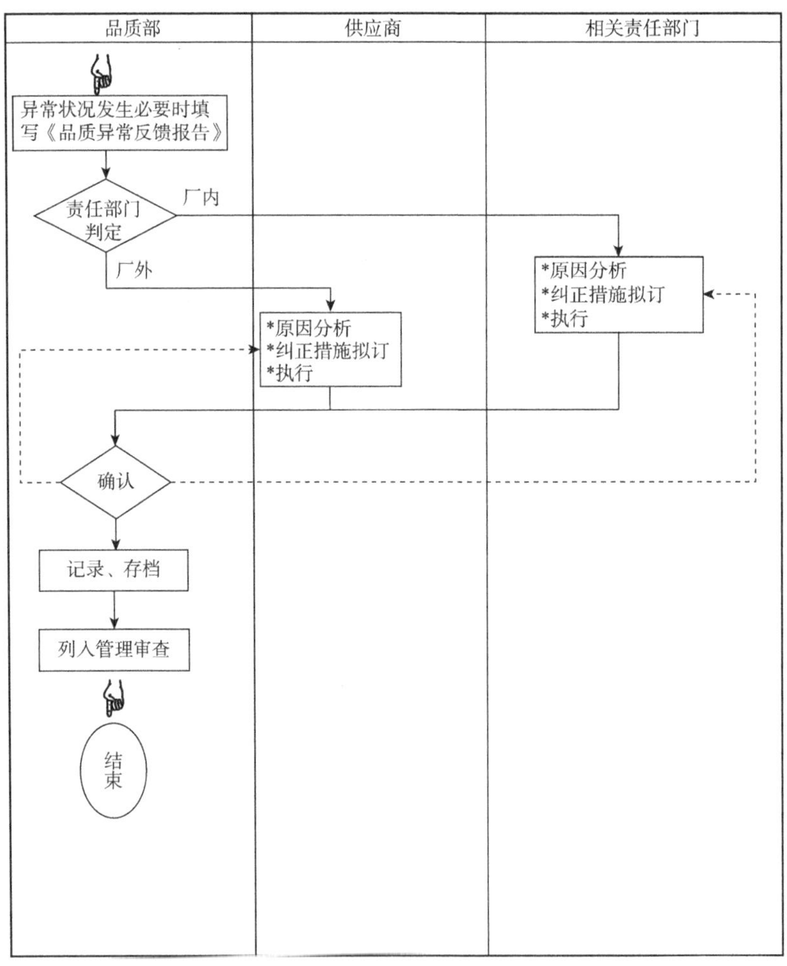

图 10－18　纠正与预防措施流程图

（三）相关管理文件

1. 采购部采购员三定卡（如表 10－9 所示）

表 10－9　采购员三定卡

文件编号：　　　　部门：　　　　岗位：　　　　版本号：

今日工作汇报					
序号	时间段	工作内容	说明	异常描述	检查人
1	8：00－21：00	与仓库确认物料到位情况，及时跟催供应商物料进度信息	采购跟踪表		
2	8：00－21：00	根据申购单完成当日的原材料、辅料、外发品采购工作；确认交期，与厂内 PMC 保持紧密联系	订购单		
3	8：00－21：00	针对性要求供应商降价，使公司产品更有竞争力，提升采购工作绩效	报价单		
4	8：00－21：00	接收工程样品需求信息，跟工程确认样品特殊要求，常规物料工作日 8 小时内提供样品给工程	材料样品需求单		
5	8：00－21：00	提供样品同时要求供应商提供报价单、SGS、MSDS、TDS 等相关资料，同步验证报价单价是否合理	报价单		
6	8：00－21：00	样品提供到工程部工作日 24 小时内与项目工程师确认样品承认进度			
7	8：00－21：00	供应商材料异常处理跟进，及时回复品质部与供应商沟通的处理方案，稽查供应商方案落实情况	品质异常单		
总结					
序号	周期性工作		月/周	说明	检查人
1	每周采购内容汇总报告		周六下班前	立讯	

续表

2	每周新供应商导入系统报告	周六下班前		
3	对账资料、供应商交期、品质、月达成数据统计	月底		
4	采购部总结、检讨例会	周六		

编制： 审核： 批准：

2. 彩印主管三定卡（如表 10－10 所示）

表 10－10 彩印主管三定卡

文件编号： 部门： 岗位： 版本号：

今日工作汇报					
序号	时间段	工作内容	说明	异常描述	检查人
1	8：00－8：15	早会			
2	8：15－8：45	监督设备保养、5S、报表审核	机器日常保养记录表、生产日报表、温湿度记录表、灭蚊灯记录表		
3	8：30－9：00	安排当天生产任务、准备工装治具	生产工程单		
4	9：00－12：00	巡线、异常处理、与各部门协调、首件确认 员工培训	首检报告 生产日报表		
5	13：30－17：30	巡线、异常处理、与各部门协调、首件确认 员工培训	首检报告 生产日报表		

续表

6	下班前 30 分钟	检查现场 5S，机械设备清洁卫生，是否关灯关气，风扇，空调整理报表	生产日报表		
7					
8					
9					
10					
11					
12					
13					

序号	周期性工作	月/周	说明	检查人
1	监督设备周保养	周	机器日常保养记录表	
2				
3				
4				

编制： 审核： 批准：

3. 彩印机长三定卡（如表 10－11 所示）

表 10－11 彩印机长三定卡

文件编号： 部门： 岗位： 版本号：

今日工作汇报					
序号	时间段	工作内容	说明	异常描述	检查人
1	8：00 － 8：15	早会			
2	8：15 － 8：45	设备保养	机器日常保养记录表		

续表

3	8：30 –9：00	发工装治具			
4	9：00 –12：00	调机、自检、留末件	首检报告 生产日报表		
5	13：30 –17：30	调机、生产、自检、留末件	首检报告 生产日报表		
6	下班前 30 分钟	现场 5S、机械设备清洁卫生、关灯关气、风扇、空调、整理报表	生产日报表		
7					
8					
9					
10					
11					
12					
13					
14					
15					

序号	周期性工作	月/周	说明	检查人
1	设备周保养	周六下班前	机器日常保养记录表	
2				
3				
4				

编制：　　　　审核：　　　　批准：

4. 仓库主管三定卡（如表 10－12 所示）

表 10－12　仓库主管三定卡

文件编号：　　　　部门：　　　　岗位：　　　　版本号：

今日工作汇报					
序号	时间段	工作内容	说明	异常描述	检查人
1	8：00 8：15	早会			
2	8：15 － 10：00	安排文员根据送货打物料标签 根据送货单备当天出货的料	物料标签/送货单		
3	10：00 － 12：00	根据送货单，与 PMC 主管沟通当天出货跟进进度 监督装货有无错误 确认仓管员备货是否正确	送货单/合格章		
4	13：30 － 17：30	根据送货单，与 PMC 主管沟通当天出货跟进进度 监督装货有无错误 确认仓管员备货是否正确	送货单/合格章		
5	下班前 30 分钟	检查现场 5S，是否关灯、关风扇、关空调、关电脑，锁门 监督仓管员工作状况（材料与成品实际收发、入账出账、系统维护）			
6					
7					
8					
9					
10					
11					

续表

12					
16					
17					
序号	周期性工作		月/周	说明	检查人
1	盘点		月最后一天	盘点表	
2					
3					
4					

编制： 审核： 批准：

5. 材料仓管员三定卡（如表 10－13 所示）

表 10－13 材料仓管员三定卡

文件编号： 部门： 岗位： 版本号：

今日工作汇报					
序号	时间段	工作内容	说明	异常描述	检查人
1	8：00－8：15	早会			
2	8：15－9：00	灭蚊灯清洁与记录 温湿度点检与记录	温湿度点检表 灭蚊灯点检表		
3	8：30－下班前	根据生产单，立即排查物料，欠料填写材料申购单	申购单		
4	8：30－12：00	根据生产单发料，入库，工装治具收发 ERP 系统及时维护 供应商送货单及时传递给采购送货单			

续表

5	13：30 - 17：30	根据生产单发料，入库，工装治具收发 ERP 系统及时维护 供应商送货单及时传递给采购			
6	8：30 - 下班前	根据品管报表，填写退货单给到采购，跟催退货状况	退货单		
7	下班前 30 分钟	仓库的 5S，现场余料，工装治具回收 关灯、关空调、关电脑，锁门			
8					
9					
10					
11					
12					
13					
14					

序号	周期性工作	月/周	说明	检查人
1	盘点	月最后一天	盘点表	
2				
3				

编制：　　　　审核：　　　　批准：

6. 成品仓管员三定卡（如表 10－14 所示）

表 10－14　成品仓管员三定卡

文件编号：　　　　部门：　　　　岗位：　　　　版本号：

今日工作汇报					
序号	时间段	工作内容	说明	异常描述	检查人
1	8：00 －8：15	早会			
2	8：15 －9：00	灭蚊灯清洁与记录，温湿度点检与记录	温湿度点检表 灭蚊灯点检表		
3	8：30 －下班前	根据送货单，立即排查成品入库状况，上报主管			
4	8：30 －下班前	根据送货单备货，包装	送货单		
5	8：30 －下班前	根据生产单成品入库，产品摆放	生产单		
6	8：30 －下班前	接收客退品，把退货单给到业务部，复印件与退货品给到品管部	退货单		
7	下班前 30 分钟	仓库的 5S，关灯、空调、电脑，锁门			
8					
9					
10					
11					
12					
13					
14					

续表

序号	周期性工作	月/周	说明	检查人
1	盘点	月最后一天	盘点表	
2				
3				
4				

编制： 审核： 批准：

7. 工程主管三定卡（如表 10－13 所示）

表 10－13 工程主管三定卡

文件编号： 部门： 岗位： 版本号：

今日工作汇报					
序号	时间段	工作内容	说明	异常描述	检查人
1	8：00－21：00	根据客户的交期，与刀模、菲林供应商协调交期			
2	8：00－21：00	模拟客户的产品使用环境，指导工程师对产品进行老化测试			
3	8：00－21：00	对新项目进行制作的可行性进行评审	样品单		
4	8：00－21：00	新产品量试主导	会议记录		
5	8：00－21：00	承认书，工程变更资料审核			
6	8：00－21：00	参与供应商评审			
7	8：00－21：00	材料及供应商变更承认	ECN		
8	8：00－21：00	协助品质部进行品质异常的工艺改进			

续表

9	8：00 – 21：00	对下属技能提升的培训			
10	8：00 – 21：00	跨部门沟通与协调			
11					
12					
13					
14					
15					
16					

总结				
序号	周期性工作	月/周	说明	检查人
1	汇总交期达成状况	周/月		
2				
3				
4				

编制：　　　　　　审核：　　　　　　批准：

8. 工艺工程师三定卡（如表10 – 14所示）

表10 – 14　工艺工程师三定卡

文件编号：　　　　　部门：　　　　　岗位：　　　　　版本号：

今日工作汇报					
序号	时间段	工作内容	说明	异常描述	检查人
1	8：00 – 21：00	查看邮件，接受业务部制样与报价指令，根据客户图纸对产品的工艺流程、模具、设备、材料进行合理选择，以及菲林制作输出	样品工艺评估报告		

续表

2	8：00 – 21：00	跟进样品的必需资料和制作进度	工程样品进度表		
3	8：00 – 21：00	审核客户已经承认的产品，发行资料及制作承诺书	文件发行回收记录 文件总清单 样品卡 工艺图		
4	8：00 – 21：00	参与解决制程工艺异常和样品现场确认，对不合理工艺和客户变化进行变更作业	ECN		
5					
6					
7					
8					
9					
10					
11					
12					
13					
14					

总结

序号	周期性工作	月/周	说明	检查人
1	按业务指令，对客户的交货排期进行菲林输出	周四		
2				
3				
4				

编制： 审核： 批准：

9. 品管主管三定卡（如表 10－15 所示）

表 10－15　品管主管三定卡

文件编号：　　　　部门：　　　　岗位：　　　　版本号：

今日工作汇报					
序号	时间段	工作内容	说明	异常描述	检查人
1	8：00－8：10	主持及参加部门早会			
2	8：10－21：00	对车间品质人员工作状态及人员进行巡查			
3	8：00－21：00	客户投诉异常报告的调查，并发给责任单位及回收，根据调查结果回复客户			
4	9：30－9：45	报表的审核及存档			
5	8：10－21：00	到客户处对品质异常单的处理			
6	8：10－21：00	文件的管理与发行			
7	8：10－21：00	品质异常单的签核，必要时通知相关部门会签或现场确认			
8	8：10－21：00	协助品质人员对较复杂产品进行首件确认，随机抽查品质人员的首检及报表，监督是否按检验规范进行作业			
9	8：10－21：00	对测试要求比较复杂或测试要求比较高的产品进行实际测试			
10	8：10－21：00	根据生产需要，对部门工作人员安排进行随机调度			

续表

11	8：10 - 21：00	限度样签核与确认			
12					
13					

总结				
序号	周期性工作	月/周	说明	检查人
1	根据部门培训计划，对员工进行培训	月		
2	周品质例会的主持及召开	周二		
3	上周品质状况统计与汇总	周一		
4	根据校准计划，对仪器内校或外校	年		

编制： 审核： 批准：

10. 品管 IPQC 三定卡（如表 10 -16 所示）

表 10 -16 品管 IPQC 三定卡

文件编号： 部门： 岗位： 版本号：

今日工作汇报					
序号	时间段	工作内容	说明	异常描述	检查人
1	8：00 - 8：10	参加部门早会			
2	8：10 - 21：00	每隔两小时查看有无来料，根据仓库提供送货单进行来料检查，报表填写	来料检验报告		
3	8：10 - 21：00	来料品质异常处理结果的跟进，标示品质状态	盖章		
4	8：10 - 21：00	根据流程卡要求进行相对应的可靠性测试，并留样	可靠性测试报告或来料检验报告		
5	8：10 - 21：00	协助组长做首检报告	首检报告		

续表

<table>
<tr><td>6</td><td>8：10–21：00</td><td>成品黏性测试，填写成品测试报告，并留样</td><td>黏性测试报告</td><td></td><td></td></tr>
<tr><td>7</td><td>8：10–21：00</td><td>对生产提供的产品抽检或全检，标示品质状态（盖章），并填写成品检验报告</td><td>成品检验报告</td><td></td><td></td></tr>
<tr><td>8</td><td>8：10–21：00</td><td>根据流程卡要求，跟进对成品品质异常单的填写</td><td>品质异常反馈报告纠正预防措施单</td><td></td><td></td></tr>
<tr><td>9</td><td>8：10–21：00</td><td>上级临时安排的其他工作</td><td></td><td></td><td></td></tr>
<tr><td>10</td><td>8：10–9：00</td><td>把前一天报表上交组长处</td><td>可靠性测试报告或来料检验报告</td><td></td><td></td></tr>
<tr><td>11</td><td></td><td></td><td></td><td></td><td></td></tr>
<tr><td>12</td><td></td><td></td><td></td><td></td><td></td></tr>
<tr><td>13</td><td></td><td></td><td></td><td></td><td></td></tr>
<tr><td>14</td><td></td><td></td><td></td><td></td><td></td></tr>
<tr><td colspan="6">总结</td></tr>
<tr><td>序号</td><td colspan="2">周期性工作</td><td>月/周</td><td>说明</td><td>检查人</td></tr>
<tr><td>1</td><td colspan="2"></td><td></td><td></td><td></td></tr>
<tr><td>2</td><td colspan="2"></td><td></td><td></td><td></td></tr>
<tr><td>3</td><td colspan="2"></td><td></td><td></td><td></td></tr>
</table>

编制：　　　　　　审核：　　　　　　批准：

11. 品管全检员三定卡（如表 10－17 所示）

表 10－17　品管全检员三定卡

文件编号：　　　　部门：　　　　岗位：　　　　版本号：

今日工作汇报					
序号	时间段	工作内容	说明	异常描述	检查人
1	8：10 －8：10	参加部门早会			
2	8：10 －21：00	根据生产流程单及产品进行首件确认，并留样	首件确认单		
3	8：10 －21：00	根据全检作业指导书对产品进行全检	成品检验报告		
4	8：10 －21：00	全检过程中，每卷产品要对首件、中件、末件进行对比（颜色、内容、尺寸、材质）	留实物样		
5	8：10 －21：00	在检验过程中发现品质异常，立即报告组长或主管	品质异常反馈报告 纠正预防措施报告		
6	8：10 －21：00	对检验合格的产品进行标示盖章	盖章		
7	8：10 －9：00	把前一天报表上交组长处	首件确认单 成品检验报告		
8					
10					
11					
12					
13					
14					

续表

总结				
序号	周期性工作	月/周	说明	检查人
1				
2				
3				
4				
5				

编制：　　　　　　审核：　　　　　　批准：

12. 品管组长三定卡（如表 10－18 所示）

表 10－18　品管组长三定卡

文件编号：　　　　　部门：　　　　　岗位：　　　　　版本号：

今日工作汇报					
序号	时间段	工作内容	说明	异常描述	检查人
1	8：00－8：10	主持及参加部门早会			
2	8：10－8：20	对车间品质人员工作状态及人员进行巡查			
3	8：20－8：50	对新员工基础知识的培训			
4	8：10－21：00	每小时对车间品质人员及品质状况进行巡查，对产品进行随机检查			
5	8：10－21：00	填写电子档的出货检验报告，并根据客户要求给到跟单，没有特定要求，第二天早上 9 点前发给对应跟单	电子档出货检验报告		

续表

6	8：10－21：00	协助 QA 填写出货检验报告，交给仓库			
7	8：10－21：00	监督并协助 QA 对退货品进行确认，并跟进品质状态			
8	8：10－21：00	根据生产提供的首件产品进行首件确认	首件确认表		
9	8：10－21：00	协助所有 QC 的检验工作，并对异常进行确认及跟进			
10	9：00－9：30	对品质报表初步审核并上交主管			
11	16：30－17：30	了解交货状态，并安排 QC 加班			
12					
13					

总结

序号	周期性工作	月/周	说明	检查人
1				
2				
3				
4				

编制： 审核： 批准：

13. 业务部跟单员三定卡（如表 10－19 所示）

表 10－19　业务部跟单员三定卡

文件编号：　　　　　部门：　　　　　岗位：　　　　　版本号：

今日工作汇报					
序号	时间段	工作内容	说明	异常描述	检查人
1	8：00－21：00	检查邮件及传真有无新订单（客户采购单），录入系统，下生产流程单	生产流程单		
2	8：00－21：00	维护通信工具（电话、QQ、SKYPE、邮件），与客户沟通订单、样品、交期等相关事宜			
3	8：00－21：00	检查邮件或通信工具，有无新样品需求，开立样品需求单给工程部	样品需求单		
4	8：00－21：00	安排样品送交客户，根据客户要求制作承认书给客户			
5	8：00－21：00	接收客户投诉单，转给品质部处理	客户投诉单		
6	8：00－21：00	根据客户的变更后料号，开出 EC 工程变更单转工程部	EC 工程变更单		
7	8：00－12：00	安排当天出货的送货单，给到仓库	送货单		
8	14：00－15：00	与客户沟通近三天的样品是否被接受和样品承认进度			
9	15：00－16：00	与 PMC 确认生产出货计划	出货计划		
10	19：00－20：00	确认仓库出货状况，及时与客户协商一致			

续表

11					
12					
总结					
序号	周期性工作		月/周	说明	检查人
1	周四和周五排出周交货计划给 PMC 和相关主管		周四或周五	立讯	
2	上交每周周报		周六下班前		
3	根据客户要求在规定时间内完成对账资料		月		
4	部门周例会		周二		
5	准时交货率的统计		周六，每月 5 日前		

编制：　　　　审核：　　　　批准：

14. 行政专员三定卡（如表 10－20 所示）

表 10－20　行政专员三定卡

文件编号：　　　　部门：　　　　岗位：　　　　版本号：

今日工作汇报					
序号	时间段	工作内容	说明	异常描述	检查人
1	8：00－17：30	根据部门人员需求申请表安排招聘	人员需求申请表		
2	8：00－17：30	根据应聘人员预约安排面试			
3	8：00－17：30	根据人员入职表，安排入职（吃住、工鞋、厂证、指纹、社保）及入职培训			

续表

4	8：00 – 17：30	根据维修单，安排设备维修并跟进	维修单		
5	8：00 – 17：30	根据申购单，发放办公用品并登记	申购单		
6	8：00 – 17：30	人员离职手续办理（包括工作交接，工具、文具交接）			
7	8：00 – 17：30	社保卡办理、银行卡办理、工伤申报			
8					
9					
10					
11					
12					
13					

序号	周期性工作	月/周	说明	检查人
1	考勤核对	10 日前		
2	数据统计与汇总	月初	目标统计表	
3	考勤表回收发放	月底		
4	饭卡统计	月底		
5	各部门培训记录上交	月初	培训签到表	

编制：　　　　审核：　　　　批准：

15. 测量设备控制卡（如表 10－21 所示）

表 10－21 测量设备控制卡

失控点	标准（如何做）	使用表单	制约（谁检查）	责任（担何责）
	1. 测量设备的编号：设备名称拼音第一个字母＋流水号 2. 品管部建立测量设备清单，并及时更新 3. 测量设备外校周期一年，内校半年，内校员根据校验指导书进行校验，填写内校报告，品质主管审核后存档 4. 内外校之后，测量设备上面标示校验状态，包括编号、校验结果、检验人员、日期等 5. 外校要能追溯到国家或国际标准	内校报告	稽查专员	使用部门或稽查专员有权监督测量设备管理状况，有异常开出整改通知单并公告
部门会签栏：				

16. 生产中异常处理控制卡（如表10－22所示）

表10－22　生产中异常处理控制卡

失控点	标准（如何做）	使用表单	制约（谁检查）	责任（担何责）
	1. 机器异常，机长初步确认异常状况，10分钟内上报车间主管；主管判定后属实，机长填写设备维修申请单，主管审核后立即上报行政部；行政部30分钟内回复车间维修安排，同时车间主管口头知会PMC部 2. 物料品质异常，机长立即知会车间主管，主管确认属实，立即填写来料品质异常报告单给到品质部，品质部10分钟内回复生产部处理方案；如果品质部判定不了，走MRB流程（生产、工程、品质、业务），最终由副总裁决，30分钟内回复生产部 3. 机长发现工装治具异常，立即上报主管，主管确认，立即口头上报工程部，工程部5分钟内回复处理方案及修复完成时间；异常超过30分钟，生产部主管立即报告PMC部 4. 生产中人员异常，生产部主管内部协调，如果协调不出方案，立即上报PMC部，PMC部10分钟内给生产部答复 5. 生产中停电，行政部确定停电时间段，通知PMC部，由PMC部确定各部门上下班安排	设备维修申请单 来料品质异常单	1. 生产部监督行政部设备异常是否及时回复，是否及时修好 2. 生产部监督品质部是否及时回复品质异常处理方案 3. 生产部监督工装治具维修的及时性 4. 生产部监督人员异常协调处理结果	如果人、机、料品质异常影响交货，导致客户投诉，问责相关责任人10元/次
部门会签栏：				

17. 产品追溯性控制卡（如表 10－23 所示）

表 10－23 产品追溯性控制卡

失控点	标准（如何做）	使用表单	制约（谁检查）	责任（担何责）
	1. 各部门生产时要把材料批号写在生产流程单上，卷筒里面必须要有物料标示单，来料检验报告注明供应商送货单号 2. 生产部根据生产排程单安排生产，如有变动，在首件确认表和生产日报上记录 3. 所有检验员都有自己的合格章编号，在物料标示单上盖章，检验报表上注明检验员姓名、日期 4. 包装员要有自己的编号，在物料标示单上盖章，生产部打印标签时要明确生产单号 5. 追溯流程：客户拍照（物料标示卡）——品管员姓名、包装员姓名、出货日期、检验日期——出货检验报表——生产流程单（机台、日期、人员、供应商及批号）——来料检验报告	物料标示单 生产流程单	1. 生产部监督来料标示是否正确 2. 仓库监督物料标示单上有无品管员编号、包装员编号、生产单号	稽查专员有权稽查整个流程的运行，如落实不到位或没落实，稽查专员有权开出整改通知单，并公布于众
部门会签栏：				

18. 资料袋与样品控制卡（如表 10－24 所示）

表 10－24　资料袋与样品控制卡

失控点	标准（如何做）	使用表单	制约（谁检查）	责任（担何责）
	1. 彩印车间菲林：格子抽屉；彩印资料袋：样品卡/图纸；普通车间资料袋：样品卡、图纸、菲林、树脂版；刀模单独存放 2. 资料袋、刀模按客户类别放置，资料袋上面标示客户代码＋流水号；资料袋上面注明客户物料编码，同时录入电脑系统 3. 资料管理员根据 4M 变更单找出相关的资料袋，按要求处理 4. 工程部根据生产流程单、样品单或新发行图纸建立完善资料袋，当天必须完成资料建立 5. 样品资料袋放置于工程部办公室，里面的内容包括：打样留样 5PCS、工程图、打样单、菲林、样品评估报告，打样刀模直接入资料室，编号入电脑系统 6. PMC 部把生产流程单给到生产部，资料管理员根据生产流程单找资料袋 7. 车间生产完毕，资料袋、刀模、菲林立即返还资料室，资料管理员与生产部交接，确认是否有异常	生产流程单	1. 生产部监督资料袋、刀模、菲林是否有异常，有异常立即报告管理员 2. PMC 部监督资料袋、刀模、菲林是否及时建立和更新 3. 资料管理员监督回收的资料袋、刀模、菲林是否有异常	1. 资料建错导致生产错误，工程部、生产部、品质部各问责 10 元/次 2. 下一个部门发现前一个部门资料错误，奖励发现人 10 元/次 3. 资料袋没有及时建立导致影响生产，导致客诉或插单，问责工程部责任人 10 元/次
部门会签栏：				

19. 生产计划控制卡（如表 10 – 25 所示）

表 10 – 25 生产计划控制卡

失控点	标准（如何做）	使用表单	制约（谁检查）	责任（担何责）
	1. 生管员根据合同评审结果，形成交期分解表，每天下班前更新发给业务部、生产部、品质部 2. 生管员根据交期分解表，跟进最近三天订单的生产要素所欠物料（主料、辅料、工装治具），物料员在 30 分钟内做出回复；生管员每天下午 17：00 前制定三天滚动计划，并分发给各部门；每天晚 18：00 生产协调会评审计划达成存在的问题，交于会上制订出解决方案 3. PMC 部每天下班前更新生产进度跟踪表，并把电子档发给公司领导及业务部 4. 生产部在执行生产计划时，有异常或要变更时，必须第一时间通知生管员，生管员在 10 分钟内做出答复 5. 生管员每天上午 12 点算出前一天的生产计划达成率，没有达成的产品，责任部门在 2 小时内要给出原因与对策 6. 正常四色：调机时间 40 分钟，每加一个专色，加 20 分钟；跟样板要达九成以上，4000 车/小时 7. 商标调机：单黑，30 分钟，四色：二个钟，专色：二个钟，黑底反白字：一个小时，三号机：3500 车/小时；一二号机：5000 车/小时	三天滚动计划 欠料表 生产进度跟踪表 生产计划达成率统计表 交期分解表	1. 生管员监督物料员，有无做物料排查，列出欠料单 2. 业务部监督生管员是否进行交期分解，并及时发给相关部门 3. 生产部监督生管员每天是否制订三天滚动生产计划 4. 生管员监督生产部在生产异常时是否及时知会生管员	1. 生产计划没达成导致客户投诉，问责生管员，生产负责人各 10 元/次 2. 稽查员有权稽查整个过程的运行，没有按流程走，有权开出整改通知单要求责任单位整改并公告

续表

失控点	标准（如何做）	使用表单	制约（谁检查）	责任（担何责）
	8. 丝印调机：不需换版的 10 分钟，需换版的 30 分钟；产能：1 号机 2500 车/小时，2 号机 1800 车/小时 9. 模切调机：彩印：复杂（上下刀，6 模以上）：二个钟，5000 车/小时，普通：40 分钟，6000 车/小时；贴合：一个小时，5000 车/小时		5. 生管员监督每天的生产计划达成率 6. 业务部监督生管员是否更新生产进度跟踪表	
部门会签栏：				

20. 员工入职和培训控制卡（如表 10－26 所示）

表 10－26　员工入职和培训控制卡

失控点	标准（如何做）	使用表单	制约（谁检查）	责任（担何责）
	1. 员工应聘先填写新员工入职表，行政部进行初试，介绍公司的一些基本情况 2. 部门主管进行岗位知识与技能面试考核，重点关注色盲色弱和手脚灵活性。如果通过，交给公司厂务经理面试，确定工资待遇 3. 厂务经理面试合格，员工愿意入职，经理通知行政部办理入职手续（厂牌、工鞋、吃住），身份证复印件扫描存档			

续表

失控点	标准（如何做）	使用表单	制约（谁检查）	责任（担何责）
	4. 入职第一天，行政部对新员工进行厂规厂纪培训（企业文化、福利、宿舍、食堂、安全、公司价值观等内容） 5. 新员工上岗工作前，部门主管先介绍岗位工作要求与流程，并对其工作的质量、效率进行重点监督，确保能胜任岗位 6. 员工试用期内，部门主管根据员工表现提出岗位转正/调动申请，厂务经理审批，交行政部办理转正手续。根据工作表现，转正提前或延期 7. 各部门年底制订下一年度培训计划，培训计划要根据工作中存在的问题，如失控、品质异常、安全问题、观念问题进行策划。行政部在1月10日前把各部门计划汇总，经理审核后发给各部门落实 8. 每月底，各部门负责把本月培训的签到表、考核记录交给行政部汇总存档	培训签到表 年度培训计划 新员工入职表	1. 行政部监督各部门在1月10日前把本年度的培训计划制作完成；每月最后一日前监督各部门落实本月的培训计划，并把资料及时交给行政部 2. 各部门监督行政部对员工进行厂规厂纪的培训	稽查专员有权监督整个过程的有效运作，不落实的，要现行开出乐捐单或整改通知单进行整改
部门会签栏：				

21. 采购管理控制卡（如表 10－27 所示）

表 10－27 采购管理控制卡

失控点	标准（如何做）	使用表单	制约（谁检查）	责任（担何责）
	1. 主料：不干胶物料、薄膜、双面胶、PC/PE 膜等，辅料：油墨、白电油、稀释剂等 2. 仓库收到生产流程单后立即查库存，提出申购单给到采购部 3. 采购部根据申购单制作采购单，最高层签核发给供应商。采购员跟进供应商，确认是否收到订单及确认交期 4. 辅料由生产部在接到生产单后立即排查，并提出申购单交到采购部，与主料采购流程一样 5. 采购周期：工作时间 8 小时。特殊材料交期无法达成，采购员与供应商协调交期，立即给到业务部和生产部 6. 供应商送货直接送到仓库，仓库清点数量并签核，转交一份单据给到采购部，并通知品管部来料检验，检验合格在送货单上签字，把送货单返回到仓库。不合格填写来料异常报告单给到采购部联系供应商处理 7. 需要来料检验的材料：彩印车间物料由品管部根据 AQL 抽检，普通车间要检查 PPM 材料 8. 每月底由供应商提供对账资料给采购文员，采购文员依供应商送货单核查对账资料，无问题通知供应商开票转交给财务部。有问题与供应商沟通处理。采购员每月 5 日前把对账资料给到财务部，财务部复核，10 日前通知供应商开票，15 日前财务部要收到发票，否则延期付款	申购单 采购单	1. 生产部监督仓库，采购是否漏申购、漏采购所需物料 2. 品管与仓库相互监督来料检验 3. 采购部监督申购单填写是否准确、完整 4. 仓库监督来料是否正确	1. 漏申购、漏采购由业务部负责问责，乐捐 10 元/次 2. 材料买错，发现部门有权问责采购人员，乐捐 10 元/次
部门会签栏：				

22. 产品防护控制卡（如表 10－28 所示）

表 10－28 产品防护控制卡

失控点	标准（如何做）	使用表单	制约（谁检查）	责任（担何责）
	1. 供应商送货，仓管员确认品名、规格、数量，根据采购单收货，并立即通知品质部检验，检验合格，确认有 PASS 章，安排入库放在指定地方，4 小时内完成电脑账与书面账，送货单立即给到采购员 2. 品管部检验出的不良品，品管员做好标示，放在指定的不良品区，并监督采购员是否安排退货 3. 生产部门根据生产单领料，仓管员填写材料发放回收单，并在 4 小时内完成电脑账与书面账 4. 成品根据生产流程单入库，仓库清点数量，确认有品质部的 PASS 章，确认合格，仓管员在生产流程单上签名，入库品放在指定地方，并在 4 小时内完成电脑账与书面账 5. 成品出货根据业务员的送货单提前备货，出库后，仓管员在 4 小时内完成电脑账与书面账 6. 仓库员每月底进行内部盘点，确保账与实物的一致性，确保材料放在指定地方，并有标示。账与实物不一致，立即调账，并通知财务部。账与实物不一致，24 小时内要完成原因分析与对策，并报告经理以上级别人员和稽查专员	生产流程单 送货单 材料发放回收单 盘点表 温湿度点检表	1. 仓管员监督品管员来料及时检验，并有盖章，不良有标示 2. 仓管员监督成品入库是否有生产流程单，数量是否正确。 3. 稽查专员监督仓库是否盘点，账与实物是否一致	1. 出货错误，导致客户投诉或损失，问责仓管员 10 元/次 2. 仓库没有管好，导致材料丢失，问责 10 元/次 3. 材料没有保护好，导致材料异常，问责仓管 10 元/次

续表

失控点	标准（如何做）	使用表单	制约（谁检查）	责任（担何责）
	7. 仓库物料不可阳光直晒，不可淋雨，温湿度要满足要求，地面不可积水，产品不可直接放在地上 8. 仓管员每天两次对温湿度进行点检，并记录在温湿度点检表上 9. 呆滞料要放在指定区域，并做好账，每月盘点后向经理以上级别人员书面报告，请示如何处理，经理要在24小时内回复如何处理		4. 业务员监督仓管是否有出货错误 5. 稽查专员监督整个仓库的运行	4. 账与实物不一致，发现一种物料不一致扣10元/次

23. 检验与实验控制卡（如表10－29所示）

表10－29　检验与实验控制卡

失控点	标准（如何做）	使用表单	制约（谁检查）	责任（担何责）
	1. 品管部根据公司采购控制卡和来料检验指导书进行来料检验，填写来料检验报告，品质主管审核并存档，品管员在送货单上盖章或签字给到仓库，并在实物的外包装上盖PASS章，不合格盖NG章，处理流程参见不合格品程序 2. 品管部根据生产部提供首件样进行确认，填写首件样确认表，并在首件样上签名。有争议的要经品质主管确认签字。首件样确认合格后才可批量生产	来料检验报告 首件确认表 巡查检验日报表	1. 仓库监督品管部按要求及时检验 2. 品管部监督生产部按要求提供首件	批量性检验错误，

续表

失控点	标准（如何做）	使用表单	制约（谁检查）	责任（担何责）
	3. 品管部根据 QC 工程图进行巡检，填写巡查检验日报表，不合格立即通知责任人改善，并记录在巡查检验日报表上 4. 成品检验依据检验规范进行全检或抽检，在成品检验报表上记录，合格的在物料标签上盖 PASS 章，不合格选出放在红色不合格框内，并记录在成品检验报表上。抽检时如果根据 AQL 标准判定为拒收，全检员全检，并记录在成品检验报表上 5. 彩印物料每批来料根据检验指导书进行可靠性检测，记录在来料检验报告上，材料样订在报表上 6. 成品针对 A 客户产品要根据检验指导书进行可靠性检测，记录在成品可靠性检测报告上，不合格依不合格控制程序处理。测量后样品保留一周，并标示测试日期，由测试员保管	成品检验报表 成品可靠性检测报告	3. 业务部监督品管部按要求进行成品全检或抽检 4. 生产部做好首件样品后，5 分钟内，特殊情况不超过 10 分钟，给到生产部结果，由生产部监督 5. 品管部监督工程部及时提供检验样品	或不良率超过 30%，问责责任人 10 元/次
部门会签栏：				

24. 刀模菲林控制卡（如表 10－30 所示）

表 10－30　刀模菲林控制卡

失控点	标准（如何做）	使用表单	制约（谁检查）	责任（担何责）
	1. 工程部根据样品需要单或生产流程单制作好菲林与刀模文件，外发给供应商制作，工程部负责验收，验收合格在送货单上签名，送货单给到采购部。菲林由工程加上料号，由仓管员记录在菲林总目录上；刀模由工程部编号，由仓管员记录在刀模总目录上。彩印的送到彩印车间，普通车间送到仓库 2. 根据生产单，仓库把刀模、菲林分发给生产部门，使用完之后生产整理放在回收篮，仓库每天回收 3. 菲林要防潮防晒，刀模不能挤压碰撞。刀模使用时加上防锈油 4. 刀模、菲林放置在资料袋里，工装冶具管理员建立刀模、菲林寿命确认表，机长填写生产量和累计产量。普通刀模使用 5 万次，机长确认，并记录在寿命确认表上。如果确认不能使用，机长通知管理员报废 5. 刀模、菲林确认不能使用，管理员填写报废申请单，工程部确认后由管理员处理。如果要重置，管理员注明重置，经业务部审核后，工程部安排处理	生产单	1. 生产部门、管理员监督菲林、刀模来料质量 2. 生产与管理相互监督分发回收刀模、菲林是否正确 3. 行政部监督菲林、刀模的储存方式与环境 4. 生产部门与管理员相互监督菲林、刀模的寿命登记与确认 5. 稽查专员有权监督所有过程的落实	1. 刀模低于 5 万次以下报废要重置的，乐捐 10 元/套。业务部、品质部、生产部、工程部、管理员评审分清责任人，有异议由总经理裁决 2. 刀模、菲林发错导致生产错误，问责管理员 10 元/次 3. 刀模、菲林丢失，问责责任人 10 元/套
部门会签栏：				

25. 订单处理控制卡（如表10－31所示）

表10－31　订单处理控制卡

失控点	标准（如何做）	使用表单	制约（谁检查）	责任（担何责）
	1. 业务部接到客户采购订单，录入ERP系统，主管审核 2. 业务部开出生产单，PMC部根据生产单排定机台，文员录入ERP 3. 针对彩印订单，工程部、PMC部、业务部、生产部、品质部进行评审，明确是否要试产，试产完成时间，及各工序生产、采购、检验完成时间 4. 文员分发生产单给各部门。生产单要注明交期、刀模菲林编号、材料名称与规格、出纸方向、包装数量 5. 生产主管审完单后安排领料 6. 仓库根据生产单发料或申购物料 7. 仓库分发刀模、菲林、物料 8. 生产部根据生产单和交货计划进行生产、入库 9. 业务部根据出货排程开出送货单，仓库备料。仓库安排人员送货或快递 10. 送货单客户签收后，仓库返回给业务部，业务部每月与客户对账	生产单	1. 生产部监督业务部是否做好订单的评审、开单是否清楚、是否开漏 2. 业务部监督各责任单位是否排查生产要素，承诺本部门交期 3. 业务部监督交期是否及时完成	1. 客户有开单，而业务漏单，导致出货未达成，乐捐10元/次/单 2. 客户有排出货，但业务员未安排出货，导致客户抱怨或扣款，乐捐10元/次/单 3. 菲林、刀模做错或漏安排导致出货延误，乐捐10元/次/单 4. 生产错误导致影响交货，乐捐10元/次/单。如果仓库发料错误，品管部未检出，生产部也没发现，各乐捐10元/次
部门会签栏：				

26. 工程变更控制卡（如表 10－32 所示）

表 10－32　工程变更控制卡

失控点	标准（如何做）	使用表单	制约（谁检查）	责任（担何责）
	1. 当客户提出工程变更，业务部接到邮件后立即发出 EC 工程变更通知单给到工程部 2. 工程部根据客户的变更要求，变更相关的生产资料 3. 工程部把 EC 单给到生产部门，生产部门确认在制品数量，并填写在 EC 单上。仓库确认菲林、刀模、材料数量、成品数量，填写在 EC 单上。品管部确认是否有在检品，填写在 EC 单上 4. 工程部把 EC 单给到业务部。业务部与客户沟通在制品、材料、库存品的处理方式 5. 沟通结果出来后，业务部在 EC 单上填写处理方案给到工程部，工程部各复印一份给到相关部门 6. 工程部监督各部门处理结果，以及是否及时结案 7. 工程部填写 EC 变更申请单，工艺变更走 2、3 流程。材料变更走 2、3、4、5、6 流程	EC 工程变更单	1. 工程部监督业务部及时开出 EC 工程变更单 2. 生产部监督工程部及时变更生产资料（24 小时内） 3. 业务部监督工程部及时走完 EC 单流程（各部门在 1 小时内走完） 4. 业务部监督各部门正确填写数据，及跑完 EC 单流程	1. 数据不真实导致多余的报废，问责责任部门 10 元/次 2. EC 单没有跑完流程导致相关部门不清楚或做错产品，问责工程部 10 元/次 3. 业务部没有及时开出 EC 变更单导致产品做错，问责业务部 10 元/次
部门会签栏：				

27. 供应商控制卡（如表 10－33 所示）

表 10－33　供应商控制卡

失控点	标准（如何做）	使用表单	制约（谁检查）	责任（担何责）
	1. 采购部通过各种渠道寻找供应商，供应商配合提供样品、环保资料、供应商调查表、报价单 2. 样品交给工程部进行新材料确认和试样测试，填写样品评估表，转交客户最终承认。具体参见开发流程 3. 客户承认后，业务部通知工程部建立产品档案（工程图），工程部口头通知采购部建立供应商资料 4. 采购部建立合格供应商名录 5. 相关部门有更换供应商需求时，提出供应商变更申请单，经总经理批准，交给采购部寻找新供应商 6. 每年年初，品质部对上年度供应商的品质表现评分（40 分），根据来料合格率评分，供应商品质评分表每年 1 月 15 日前给到采购部 7. 每年年初，采购部对上年度供应商交期（30 分）评分，根据来料准时交货率评分，服务（30 分）主要从价格、配合度、客诉处理等方面进行评分，统一记录供应商年度评价表 8. 对 60 分以下的供应商直接淘汰，由采购部寻找新供应商；60～70 分为 C 级供应商，采购部发出纠正预防措施单，要求其三个月内进行改善，采购部跟进改善结果并再次评价；70～85 分为 B 级供应商，口头通知其改善；85 分以上为 A 级供应商	供应商调查表 合格供应商名录 供应商变更申请单 供应商年度品质评分表 供应商年度评价表 纠正预防措施单	1. 业务部监督工程部的新材料开发时间，常用材料在 24 小时内，特殊材料在 3～5 个工作日内 2. 工程部与采购部相互监督供应商资料的完善 3. 业务部监督工程部、采购部产品档案的建立与供应商信息的及时建立 4. 采购部监督品管部年度供应商品质考核是否及时完成 5. 品管部监督采购部考核不合格的供应商是否有淘汰或通知改善	稽查专员有权监督整个过程是否有效落实，没有落实的，开出整改报告，在公告栏公布
部门会签栏：				

28. 设计开发控制卡（如表 10－34 所示）

表 10－34　设计开发控制卡

失控点	标准（如何做）	使用表单	制约（谁检查）	责任（担何责）
	1. 业务跟单员接到客户的打样需求（通过邮件、样品、胶件等），开出样品需求单，附图纸与客户的特殊要求给到工程部，并注明产品编号和交样时间 2. 根据客户要求制作菲林文件、刀模文件及要求的特殊工艺，立即给到协力厂商制作工装治具，文件给到协力厂商后在 4～6 小时内完成 3. 工装治具回来后由工程部验收，验收后交给仓库做账 4. 工程部接到样品需求单后 2 小时内完成评审，评审的内容包括填写新产品开发评审表。评审通过后当天给到生产部，生产部根据样品单领用生产资料。没有样品的，业务部在样品单上注明颜色要求 5. 生产部根据样品需求单、图纸、样品进行生产。生产部要把生产中的异常问题点记录在样品单上。品管部进行检验或可靠性测试，并记录在样品需求单上 6. 品管部将样品入库，仓库确认、记账。样品单、图纸、客户的样品交给仓库 7. 仓库通知工程回收样品单、样品，仓库通知业务部送样	样品单 工程图 生产单	1. 下部门监督上部门样品单接收与发出时间，影响进度的特殊情况注明时间 2. 工程部监督样品单填写完整 3. 生产部监督工装治具及时到位，确认生产工艺的可量产性 4. 业务部监督打样进度的及时性 5. 针对有颜色产品，品管部监督工程部及时签样 6. 业务部监督时效限制：	有人为因素导致做错或影响交货的，监督部门或稽查专员有权开乐捐单，乐捐 10 元/次/款，人事部打出通告单张贴在公告栏

续表

失控点	标准（如何做）	使用表单	制约（谁检查）	责任（担何责）
	8. 业务部及时跟踪客户承认进度，及时更新样品跟踪表 9. 客户承认后，工程部根据打样中的问题点评审工艺，确定是否要试产。第一次量产的生产单先给到工程部，确定是否要试产，并召集相关部门进行产前会议 10. 试产会议结束后，工程部根据改善点重新制作生产工装治具 11. 内部试产通过后，工程部将工艺标准化（工程图上传系统，正式发行）		单色：工程部6小时，生产部6小时；多色：8小时（两款内） 丝印：4小时；彩印：8小时 新材料：确定供应商和材料8小时，品管2小时 7. 稽查专员有权监督以上所有内容的落实	
部门会签栏：				

29. 客户服务控制卡（如表 10－35 所示）

表 10－35　客户服务控制卡

失控点	标准（如何做）	使用表单	制约（谁检查）	责任（担何责）
	1. 当客户有合作意向时，根据客户要求提供我司的基本资料 2. 当客户有验厂要求时，电话通知相关主管做好准备	报价单 品质异常单	1. 品质部监督品质异常单要把内容描述清楚	

续表

失控点	标准（如何做）	使用表单	制约（谁检查）	责任（担何责）
	3. 样品承认合格后，客户要求报价，业务部及时报价，输出报价单。普通产品：1 小时内；外发产品：4 小时内 4. 当客户下单后，业务部半小时内回复（回传或邮件）。针对客户的交货排程，业务部 4 小时内回复交期 5. 当客户询问品质、交期时，业务员与客户沟通要有耐心、礼貌，要不厌其烦地回复客户问题，不能因个人情绪影响沟通 6. 当客户有抱怨或退货时，有书面报告时，业务部立即转给品质部；无书面报告时，业务部转化成品质异常单给到品质部 7. 品质部在 24 小时内回复客户投诉，业务部接到书面回复 1 小时内转给客户 8. 当客户要求工程变更时，业务部发现 EC 工程变更单给到工程 9. 业务部组织每年一次客户满意度调查，调查表发出后，一周内回收，并做出调查报告。针对客户反馈的问题，三天之内，业务部组织责任单位做出改善方案	工程变更通知单 客户满意度调查表 客户满意度调查报告	2. 业务部监督品质部异常报告回复的及时性 3. 当客户有意见反馈时，业务部监督责任单位是否及时改善、回复对策 4. 稽查专员可监督整个过程是否按制度运行	若没有按以上要求执行，监督单位开出整改单，并在公告栏公布
部门会签栏：				

30. 设备管理控制卡（如表 10－36 所示）

表 10－36 设备管理控制卡

失控点	标准（如何做）	使用表单	制约（谁检查）	责任（担何责）
	1. 设备编号规则：模切机：MQ－001，丝印机：SY－001，分条机：FT－001，商标机：SB－001，轮转机：LZ－001，晒板机：SB－001，打扎机：BK－001，烘烤机：XK－001，品检机：PJ－001，腹膜机：FM－001，冲床：CC－001，空压机：KY－001，打印机：DY－001 2. 行政部负责设备的建档，登录在设备履历表上，并汇总在设备总清单上 3. 使用部门负责设备的日保养，每天早上 9 点前完成，记录在设备保养记录表上 4. 使用部门负责设备的周保养，每周最后工作日下班前完成，记录在设备保养记录表上 5. 使用部门负责设备的月保养，每月最后一个工作日下班前完成，记录在设备保养记录表上 6. 设备的保养内容依据供应商提供的保养手册作为参考依据，保养手册保存在财务部 7. 设备出现故障，简单的问题由使用部门自己维修，并记录在设备履历表上。不能自己解决的，写维修申请单给到行政部，由行政部安排委外维修，使用部门负责维修后的验收，并把维修情况记录在设备履历表上 8. 设备的易损零件由使用部门提出申购单，最高层签字后交给行政部购买，到货后由使用部门验收，零件存放于使用部门 9. 设备的操作指导书由使用部门编写，交文控中心统一受控发行	设备总清单 设备履历表 设备维修申请单 设备保养记录表 申购单	1. 行政部监督设备的保养 2. 生产部监督设备的建档和保养手册 3. 委外维修由生产部监督维修的及时性 4. 稽查专员有权监督整个过程的运行	1. 当设备出现故障，没有及时维修影响到交货时，业务部有权问责责任单位，乐捐 10 元/台/次 2. 其他没有按要求保养、维修的，由稽查专员记录不符合问题点，并在公告栏公布

续表

失控点	标准（如何做）	使用表单	制约（谁检查）	责任（担何责）
部门会签栏：				

31. 生产过程控制卡（如表 10 – 37 所示）

表 10 – 37　生产过程控制卡

失控点	标准（如何做）	使用表单	制约（谁检查）	责任（担何责）
	1. 生产部接到生产流程单，根据生产流程单领材料/刀模/菲林，排查辅料是否充足，不足及时申购 2. 生产部根据菲林及时制版，核对文字内容 3. 根据生产安排上机生产，生产部准备好首件（至少一版），机长自检，（彩印部分）部门主管确认，交品管部 QC 检查确认，品管员填写首件确认表，针对有争议的品质问题，要交给品管主管最终审核才可量产 4. 在量产过程中，机长随时自检，发现品质异常时及时处理，如果不能解决及时报告部门主管，并记录在生产日报表上。材料异常，机长报告部门主管，部门主管与品质主管协调处理，记录在供应商来料纠正预防措施报告上。设备异常，机长报告主管处理，如果无法处理，填写设备维修单上报行政部安排处理 5. 丝印产品加工完后转商标模切，调机数量与流转数量记录在生产单上。加工完成后，品管部根据检验计划对产品进行全检与抽样，记录在成品检验日报表上	生产单设备保养记录表	1. 品管部与生产部监督进行首件确认 2. 行政部监督设备保养/温湿度确认是否落实	1. 仓库发现产品做错，问责生产、品管各 10 元/次 2. 包装错误或标示不符流到客户处，问责品管盖章人员和包装人员

续表

失控点	标准（如何做）	使用表单	制约（谁检查）	责任（担何责）
	6. 检验合格后，普通车间全检部分由品管部包装，抽检部分和彩印车间由生产包装员包装。包装完交品质部抽检，确认合格后盖 PASS 章入库 7. 所有材料，包括半成品和成品都不能接触地面，不能踩压。普通车间同一卷物料不允许有两种产品 8. 制程不良和试机品放置在不良品区，当天处理 9. 设备日保养上班前进行，填写在设备日常保养表上；月保养在月底进行，记录在设备日常保养记录表上 10. 车间温度为 18 ~ 24 度，湿度为 40% ~70%。生产部上午下午各进行一次点检，如异常通过空调、加湿器进行处理，并记录在温湿度记录表上 11. 灭蚊灯由行政部每日清理一次，并记录在灭蚊灯保养记录表上 12. 每天早上 9 点前生产日报表经部门主管审核后上交公司文员		3. 下一部门监督上一部门数量是否及时填写，数量是否准确 4. 业务部监督生产日报表及时上交，生产部按交期先后安排生产 5. 业务、仓库、品质部监督产品是否做错 6. 稽查专员有权监督所有动作是否按要求落实	3. 人为导致材料损耗，材料超领，问责生产部责任人 10 元/单 4. 动作要求落实不到位的，稽查专员或下工序部门人员有责任开出整改通知单，要求整改，并张贴在公告栏
部门会签栏：				

32. 委外加工控制卡（如表 10－38 所示）

表 10－38　委外加工控制卡

失控点	标准（如何做）	使用表单	制约（谁检查）	责任（担何责）
	1. 业务部接收到本厂不能开发的新产品时，业务部把客户相关要求（邮件、图纸）转给工程部，业务部登录在样品跟踪表上 2. 工程部寻找外发厂商，参与外发厂商的新产品评估，制作新产品开发评估表，工程部负责工艺的跟进、加工进度的跟进 3. 吸塑外发打样周期：24 小时；彩盒说明书：48 小时；其他：以产品为准 4. 业务部每天下班前跟进工程部委外打样进度，有异常及时协调处理 5. 委外样品回厂后，工程部评估样品是否满足客户要求。如果合格，交业务部送样，记录在样品跟踪表上 6. 客户签样后，工程部根据客户签样，签样给品管部，客户签样返还给业务部 7. 业务部接到需要委外的产品，开立申购单，主管审核后交给委外采购员。委外采购员根据申购单制作采购单，外发给供应商，外发厂商当天回复采购交货日期，外发采购及时回复业务部 8. 针对第一次委外的订单，委外采购员需提供图纸，样品给到委外厂商 9. 吸塑：每一次量产 5 天，后续批量生产 3 ~5 天；彩盒说明书：3 ~5 天 10. 外发采购员每天下班前跟进外发厂的进度，填写外发跟进表	申购单 采购单 外发跟踪表 样品跟踪表 样品评估报告	1. 业务部监督委外样品及时交样 2. 业务部监督委外采购品及时交货 3. 稽查专员有权监督整个过程的运作	1. 委外样品很明显与客户要求不符，导致客户抱怨，问责工程部 10 元/款 2. 交期不及时导致客户抱怨或罚款，问责外发采购 10 元/次

续表

失控点	标准（如何做）	使用表单	制约（谁检查）	责任（担何责）
	11. 外发品进厂后，仓库通知品管部检验 12. 刀模、菲林由工程部委外制作，工程师负责提供制作资料。回厂后由工程部验收，验收合格在送货单上签名，给到采购部做账，刀模、菲林给到仓库			
部门会签栏：				

33. PMC 部目标控制卡（如表 10－39 所示）

表 10－39　PMC 部目标控制卡

序号	项目与计算公式	目标	数据收集方法	统计部门
1	准时交货率＝准时交货的批次/总的需要交货批次	95%/月	生产制作单和送货单统计	业务部
2				
3				
4				
5				
部门会签栏：				

34. 采购部目标控制卡（如表 10 -40 所示）

表 10 -40　采购部目标控制卡

序号	项目与计算公式	目标	数据收集方法	统计部门
1	来料准时交货率 = 来料准时交货批次/总交货批次	90%/月	根据申购单统计总批次，根据送货单统计准时交货批次	PMC
2	来料合格率 = 来料合格批次/总交货批次	95%/月	根据来料检验报告统计当天合格批次，根据送货单统计总的交货批次	品管部
3	委外加工准时交货率 = 委外加工准时交货批次/总的委外加工批次	90%/月	业务部根据申购单和委外加工送货单统计	PMC
4				
部门会签栏：				

35. 仓库目标控制卡（如表 10 -41 所示）

表 10 -41　仓库目标控制卡

序号	项目与计算公式	目标	数据收集方法	统计部门
1	账物一致率 = 账物一致的产品/总的产品种类	99%/月	随机抽盘 100 种	财务部
2				
3				
4				
部门会签栏：				

36. 工程部目标控制卡（如表 10－42 所示）

表 10－42　工程部目标控制卡

序号	项目与计算公式	目标	数据收集方法	统计部门
1	样品准时交货率＝准时交样批次/总的样品数	90%/月	样品追踪表	业务部
2	工程样品合格率＝合格的样品总数/总的样品数	1 次/月	样品追踪表	品质部
部门会签栏：				

37. 行政部目标控制卡（如表 10－43 所示）

表 10－43　行政部目标控制卡

序号	项目与计算公式	目标	数据收集方法	统计部门
1	员工流失率＝本月流失人员数量/本月平均人数	5%/月	离职申请单（上班超过 10 天纳入核算）	行政部
2	培训及时完成率＝实际培训完成课程/计划培训课程	100%/月	培训签到表/年度培训计划	
部门会签栏：				

38. 品质部目标控制卡（如表 10－44 所示）

表 10－44　品质部目标控制卡

序号	项目与计算公式	目标	数据收集方法	统计部门
1	客户投诉率＝客户投诉数量/交货总数	1 次/月	客户投诉后，业务部登录客户投诉清单	业务部

续表

序号	项目与计算公式	目标	数据收集方法	统计部门
2	品质异常结案及时率 = 及时结案的异常单/本月开出总的异常单数量	1 次/月	品质部开出品质异常单	品质部
部门会签栏：				

39. 生产部目标控制卡（如表 10 – 45 所示）

表 10 – 45　生产部目标控制卡

序号	项目与计算公式	目标	数据收集方法	统计部门
1	生产计划达成率 = 按计划实际生产总数/计划生产总数	95%/月	生产排程/生产日报表	PMC 部
2	成品检验合格率 = 成品检验合格批次/总的检验批次	95%/月	成品检验报告	品质部
部门会签栏：				

40. 业务部目标控制卡（如表 10 – 46 所示）

表 10 – 46　业务部目标控制卡

序号	项目与计算公式	目标	数据收集方法	统计部门
1	销售额	251 万/月		业务部
2	客户满意率 = 满意个数/客户总数	90%/年	每年年底发出调查表，统计满意客户数	业务部
部门会签栏：				

（四）其他要求和制度

岗位人员任职能力要求：

1. **总经理**

学历：大专以上，工程师或经济师。

工作年限：从事建筑行业 10 年以上。

身体状况：身体健康，能胜任本职工作。

年龄：60 周岁以下。

技能：任工长或项目经理 5 年以上。

培训经历：参加过有关国家法律及标准、规范的学习。

2. **副经理**

学历：大专以上。

工作年限：从事建筑工作 10 年以上。

身体状况：身体健康，能胜任本职工作。

年龄：55 周岁以下。

技能：任工长或项目经理 3 年以上。

培训经历：参加过有关国家法律及标准、规范的学习。

3. **总工程师**

学历：大专以上。

工作年限：从事建筑工作 10 年以上。

身体状况：身体健康，能胜任本职工作。

年龄：60 周岁以下。

技能：任工长或项目经理 3 年以上。

培训经历：参加过有关国家法律及标准、规范的学习。

4. **办公室负责人**

学历：中专以上。

工作年限：从事办公室文秘工作 2 年以上，有 5 年以上工作经历。

身体状况：身体健康，能胜任本职工作。

年龄：60 周岁以下。

技能：了解文件管理，能熟练打字。

5. 技术质量部负责人

学历：大专以上。

工作年限：从事建筑行业 5 年以上。

身体状况：身体健康，能胜任本职工作。

年龄：60 周岁以下。

技能：任技术负责人或项目经理 3 年以上。

培训经历：参加过有关国家法律及标准、规范的学习，了解材料采购和管理的知识。

6. 生产部负责人

学历：大专以上。

工作年限：从事建筑行业 5 年以上。

身体状况：身体健康，能胜任本职工作。

年龄：60 周岁以下。

技能：任技术负责人或项目经理 5 年以上。

培训经历：参加过有关国家法律及标准、规范的学习。

7. 供销部负责人

学历：中专以上。

工作年限：从事建筑行业 3 年以上。

身体状况：身体健康，能胜任本职工作。

年龄：60 周岁以下。

技能：从事材料采购工作 2 年以上。

培训经历：参加有关国家法律及标准、规范的学习，了解材料采购和管理的知识。

8. 总工办负责人

学历：中专以上。

工作年限：从事与建筑行业相关工作 5 年以上。

身体状况：身体健康，能胜任本职工作。

年龄：60 周岁以下。

技能：从事技术管理工作 3 年以上，具备相应的技术职称证书。

培训经历：参加过有关国家法律及标准、规范的学习，了解材料采购和管理的知识。

9. 人事部负责人

学历：中专以上。

工作年限：从事与建筑行业相关的人事管理工作 3 年以上。

身体状况：身体健康，能胜任本职工作。

年龄：60 周岁以下。

技能：具备人事管理的常识和技能。

培训经历：进行过关于人事管理的学习或考核，了解有关国家法律。

10. 企管部负责人

学历：中专以上。

工作年限：从事与建筑行业相关的企业管理工作 3 年以上。

身体状况：身体健康，能胜任本职工作。

年龄：60 周岁以下。

技能：从事技术管理工作 3 年以上。

培训经历：进行过企业管理方面的学习或考核，了解有关国家法律。

11. 建经部负责人

学历：中专以上。

工作年限：从事与建筑行业的预算管理工作 3 年以上。

身体状况：身体健康，能胜任本职工作。

年龄：60 周岁以下。

技能：能够从事工程预算和人工费的核算工作，持证上岗。

培训经历：进行过预决算方面的学习或考核，了解有关国家法律。

11. 合同部负责人

学历：中专以上。

工作年限：从事合同管理和合同签订工作 3 年以上。

身体状况：身体健康，能胜任本职工作。

年龄：60 周岁以下。

技能：能够从事工程招投标工作及有过 3 次以上的招投标经历。

培训经历：进行过合同管理方面的学习或考核，了解有关国家法律。

12. 设备部负责人

学历：中专以上。

工作年限：从事过设备管理工作 3 年以上。

身体状况：身体健康，能胜任本职工作。

年龄：60 周岁以下。

技能：能够掌握设备维修技术，了解设备的管理知识。

培训经历：进行过设备管理方面的学习或考核，了解有关国家法律。

13. 安全部负责人

学历：中专以上。

工作年限：从事过安全管理工作 3 年以上。

身体状况：身体健康，能胜任本职工作。

年龄：55 周岁以下。

技能：掌握安全技术和处理安全事故，持证上岗。

培训经历：进行过安全管理方面的学习或考核，了解有关国家法律。

14. 保卫部负责人

学历：中专以上。

工作年限：从事过安全保卫工作 3 年以上。

身体状况：身体健康，能胜任本职工作。

年龄：55 周岁以下。

技能：掌握防火、防盗、治安案件的处理方法，对一般事件能够妥善处理。

培训经历：进行过保卫管理方面的学习或考核，了解有关国家法律。

15. 项目经理

学历：中专以上。

工作年限：从事建筑行业 5 年以上。

身体状况：身体健康，能胜任本职工作。

年龄：55 周岁以下。

技能：任工长或技术员 3 年以上。

培训经历：参加过有关国家法律及标准、规范的学习，持证上岗。

16. 项目部技术负责人

学历：大专以上。

工作年限：从事建筑行业 3 年以上。

身体状况：身体健康，能胜任本职工作。

年龄：55 周岁以下。

技能：建筑行业专业学校毕业 3 年以上。

培训经历：参加过有关国家法律及标准、规范的学习。

17. 质检员

学历：中专以上。

工作年限：从事建筑行业 3 年以上。

身体状况：身体健康，能胜任本职工作。

年龄：55 周岁以下。

技能：任工长或项目经理 3 年以上。

培训经历：参加过有关国家法律及标准、规范的学习，持证上岗。

18. 安全员

学历：中专以上。

工作年限：从事建筑行业 3 年以上。

身体状况：身体健康，能胜任本职工作。

年龄：55 周岁以下。

技能：任工长或项目经理 3 年以上。

培训经历：参加过有关国家法律及标准、规范的学习，持证上岗。

19. **核算员**

学历：专科以上。

工作年限：从事建筑行业 5 年以上。

身体状况：身体健康，能胜任本职工作。

年龄：60 岁以下。

技能：从事建筑栋号核算 3 年以上。

培训经历：经专业部门考试合格，有证书。

20. **材料员**

学历：高中以上。

工作年限：从事建筑行业 3 年以上。

身体状况：身体健康，能胜任本职工作。

年龄：55 周岁以下。

21. **电焊工、架子工、电工、砼司机等特殊工种**

学历：初中以上。

工作年限：从事建筑一般工种工作 2 年以上。

身体状况：身体健康，能胜任本职工作。

年龄：55 周岁以下。

技能：参加过岗位技能培训，并能独立工作。

培训经历：参加过有关国家法律及标准、规范的学习，持证上岗。

1120 本土管理实践与创新论坛

这是由100多位本土管理专家联合创立的企业管理实践学术交流组织，旨在孵化本土管理思想、促进企业管理实践、加强专家间交流与协作。

论坛每年集中力量办好两件大事：第一，“**出一本书**”，汇聚一年的思考和实践，把最原创、最前沿、最实战的内容集结成册，贡献读者；第二，“**办一次会**”，每年11月20日本土管理专家们汇聚一堂，碰撞思想、研讨案例、交流切磋、回馈社会。

论坛理事名单（以年龄为序，以示传承之意）

常务理事：

彭志雄　曾　伟　施　炜　杨　涛　张学军　郭　晓
程绍珊　胡八一　王祥伍　李志华　陈立云　杨永华

理　　事：

卢根鑫　曾令同　宋杼宸　张国祥　刘承元　曹子祥　宋新宇　吴越舟
吴　坚　戴欣明　刘春雄　刘祖轲　段继东　何　慕　秦国伟　贺兵一
张小虎　郭　剑　余晓雷　黄中强　朱玉童　沈　坤　阎立忠　张　进
丁兴良　朱仁健　薛宝峰　史贤龙　卢　强　史幼波　叶敦明　王明胤
陈　明　岑立聪　方　刚　张东利　郭富才　叶　宁　何　屹　沈　奎
王　超　马宝琳　谭长春　夏惊鸣　张　博　李洪道　胡浪球　孙　波
唐江华　刘红明　杨鸿贵　伯建新　高可为　李　蓓　孔祥云　贾同领
罗宏文　史立臣　李政权　余　盛　陈小龙　尚　锋　邢　雷　余伟辉
李小勇　全怀周　沈　拓　徐伟泽　崔自三　王玉荣　蒋　军　侯军伟
黄润霖　金国华　吴　之　葛新红　周　剑　崔海鹏　柏　龑　唐道明
朱志明　曲宗恺　杜　忠　远　鸣　范月明　刘文新　赵晓萌　张　伟
熊亚柱　孙彩军　刘　雷　王庆云　俞士耀　丁　昀　黄　磊　罗晓慧
伏泓霖　梁小平　鄢圣安

推荐作者得新书!

博瑞森征稿启事

亲爱的读者朋友:

感谢您选择了博瑞森图书!希望您手中的这本书能给您带来实实在在的帮助!

博瑞森一直致力于发掘好作者、好内容,希望能把您最需要的思想、方法,一字一句地交到您手中,成为专业知识与管理实践的纽带和桥梁。

但是我们也知道,有很多深入企业一线、经验丰富、乐于分享的优秀专家,或者往来奔波没时间,或者缺少专业的写作指导和便捷的出版途径,只能茫然以待……

还有很多在竞争大潮中坚守的企业,有着异常宝贵的实践经验和独特的闪光点,但缺少专业的记录和整理者,无法让企业的经验和故事被更多的人了解、学习、参考……

这些都太遗憾了!

博瑞森非常希望能将这些埋藏的"宝藏"发掘出来,贡献给广大读者,让更多的人得到帮助。

所以,我们真心地邀请您,我们的老读者,帮助我们一起搜寻:

推荐作者。

可以是您自己或您的朋友,只要对本土管理有实践、有思考;可以是您通过网络、杂志、书籍或其他途径了解的某位专家,不管名气大小,只要他的思想和方法曾让您深受启发。

推荐企业。

可以是您自己所在的企业,或者是您熟悉的某家企业,其创业过程、运营经历、产品研发、机制创新,等等。不论企业大小,只要乐于分享、有值得借鉴书写之处。

总之,好内容就是一切!

博瑞森绝非"自费出书",出版项目费用完全由我们承担。您推荐的作者或企业案例一经采用,我们会立刻向您赠送书币100元,可直接换取任何博瑞森图书的纸质版或电子版。

感谢您对本土管理的支持!感谢您对博瑞森图书的帮助!

推荐邮箱:bookgood@126.com　　推荐手机:13611149991

欢迎登录"博瑞森管理图书网"了解我们!

博瑞森图书

互联网 +

	书名．作者	内容/特色	读者价值
互联网+	**移动互联新玩法：未来商业的格局和趋势** 史贤龙　著	传统商业、电商、移动互联，三个世界并存，这种新格局的玩法一定要懂	看清热点的本质，把握行业先机，一本书搞定移动互联网
	创造增量市场：传统企业互联网转型之道 刘红明　著	传统企业需要用互联网思维去创造增量，而不是用电子商务去转移传统业务的存量	教你怎么在"互联网 +"的海洋中创造实实在在的增量
	画出公司的互联网进化路线图：用互联网思维重塑产品、客户和价值 李　蓓　著	18 个问题帮助企业一步步梳理出互联网转型思路	思路清晰、案例丰富，非常有启发性
	7 个转变，让公司 3 年胜出 李　蓓　著	消费者主权时代，企业该怎么办	这就是互联网思维，老板有能这样想，肯定倒不了
	重生战略：移动互联网和大数据时代的转型法则 沈　拓　著	在移动互联网和大数据时代，传统企业转型如同生命体打算与再造，称之为"重生战略"	帮助企业认清移动互联网环境下的变化和应对之道
	跳出同质思维，从跟随到领先 郭　剑　著	66 个精彩案例剖析，帮助老板突破行业长期思维惯性	做企业竟然有这么多玩法，开眼界
	今后这样做品牌：移动互联时代的品牌营销策略 蒋　军　著	与移动互联紧密结合，告诉你老方法还能不能用，新方法怎么用	今后这样做品牌就对了
	互联网 +"变"与"不变"：本土管理实践与创新论坛集萃．2016 本土管理实践与创新论坛　著	本土管理领域正在产生自己独特的理论和模式，尤其在移动互联时代，有很多新课题需要本土专家们一起研究	帮助读者拓宽眼界、突破思维
	微商生意经：真实再现 33 个成功案例操作全程 伏泓霖　罗晓慧　著	本书为 33 个真实案例，分享案例主人公在做微商过程中的经验教训	案例真实，有借鉴意义

行业类：零售、白酒、食品/快消品、农业、医药、建材家居等

	书名．作者	内容/特色	读者价值
零售·超市·餐饮·服装·汽车	**1. 总部有多强大，门店就能走多远** **2. 超市卖场定价策略与品类管理** **3. 连锁零售企业招聘与培训破解之道** **4. 中国首家未来超市：解密安徽乐城** **5. 三四线城市超市如何快速成长：解密甘雨亭** IBMG 国际商业管理集团　著	国内外标杆企业的经验 + 本土实践量化数据 + 操作步骤、方法	通俗易懂，行业经验丰富，宝贵的行业量化数据，关键思路和步骤
	涨价也能卖到翻 村松达夫　【日】	提升客单价的 15 种实用、有效的方法	日本企业在这方面非常值得学习和借鉴
	零售：把客流变成购买力 丁　昀　著	如何通过不断升级产品和体验式服务来经营客流	如何进行体验营销，国外的好经营，这方面有启发
	餐饮企业经营策略第一书 吴　坚　著	分别从产品、顾客、市场、盈利模式等几个方面，对现阶段餐饮企业的发展提出策略和思路	第一本专业的、高端的餐饮企业经营指导书
	赚不赚钱靠店长：从懂管理到会经营 孙彩军　著	通过生动的案例来进行剖析，注重门店管理细节方面的能力提升	帮助终端门店店长在管理门店的过程中实现经营思路的拓展与突破
	汽车配件这样卖：汽车后市场销售秘诀 100 条 俞士耀　著	汽配销售业务员必读，手把手教授最实用的方法，轻松得来好业绩	快速上岗，专业实效，业绩无忧

续表

白酒	**变局下的白酒企业重构** 杨永华　著	帮助白酒企业从产业视角看清趋势，找准位置，实现弯道超车的书	行业内企业要减少90%，自己在什么位置，怎么做，都清楚了
	1. 白酒营销的第一本书 **2. 白酒经销商的第一本书** 唐江华　著	华泽集团湖南开口笑公司品牌部长，擅长酒类新品推广、新市场拓展	扎根一线，实战
	区域型白酒企业营销必胜法则 朱志明　著	为区域型白酒企业提供35条必胜法则，在竞争中赢销的葵花宝典	丰富的一线经验和深厚积累，实操实用
	10步成功运作白酒区域市场 朱志明　著	白酒区域操盘者必备，掌握区域市场运作的战略、战术、兵法	在区域市场的攻伐防守中运筹帷幄，立于不败之地
	酒业转型大时代：微酒精选2014－2015 微酒　主编	本书分为五个部分：当年大事件、那些酒业营销工具、微酒独立策划、业内大调查和十大经典案例	了解行业新动态、新观点，学习营销方法
快消品·食品	**乳业营销第一书** 侯军伟　著	对区域乳品企业生存发展关键性问题的梳理	唯一的区域乳业营销书，区域乳品企业一定要看
	食用油营销第一书 余　盛　著	10多年油脂企业工作经验，从行业到具体实操	食用油行业第一书，当之无愧
	中国茶叶营销第一书 柏　龑　著	如何跳出茶行业"大文化小产业"的困境，作者给出了自己的观察和思考	不是传统做茶的思路，而是现在商业做茶的思路
	调味品营销第一书 陈小龙　著	国内唯一一本调味品营销的书	唯一的调味品营销的书，调味品的从业者一定要看
	快消品营销人的第一本书：从入门到精通 刘　雷　伯建新　著	快消行业必读书，从入门到专业	深入细致，易学易懂
	变局下的快消品营销实战策略 杨永华　著	通胀了，成本增加，如何从被动应战变成主动的"系统战"	作者对快消品行业非常熟悉、非常实战
	快消品经销商如何快速做大 杨永华　著	本书完全从实战的角度，评述现象，解析误区，揭示原理，传授方法	为转型期的经销商提供了解决思路，指出了发展方向
	一位销售经理的工作心得 蒋　军　著	一线营销管理人员想提升业绩却无从下手时，可以看看这本书	一线的真实感悟
	快消品营销：一位销售经理的工作心得2 蒋　军　著	快消品、食品饮料营销的经验之谈，重点图书	来源与实战的精华总结
	快消品营销与渠道管理 谭长春　著	将快消品标杆企业渠道管理的经验和方法分享出来	可口可乐、华润的一些具体的渠道管理经验，实战
	成为优秀的快消品区域经理 伯建新　著	37个"怎么办"分析区域经理的工作关键点	可以作为区域经理的'速成催化器'
	销售轨迹：一位快消品营销总监的拼搏之路 秦国伟　著	本书讲述了一个普通销售员打拼成为跨国企业营销总监的真实奋斗历程	激励人心，给广大销售员以力量和鼓舞
	快消老手都在这样做：区域经理操盘锦囊 方刚　著	非常接地气，全是多年沉淀下来的干货，丰富的一线经验和实操方法不可多得	在市场摸爬滚打的"老油条"，那些独家绝招妙招一般你问都是问不来的
农业	**农资营销实战全指导** 张　博　著	农资如何向"深度营销"转型，从理论到实践进行系统剖析，经验资深	朴实、使用！不可多得的农资营销实战指导
	农产品营销第一书 胡浪球　著	从农业企业战略到市场开拓、营销、品牌、模式等	来源于实践中的思考，有启发
	变局下的农牧企业发展9大成长策略 彭志雄　著	食品安全、纵向延伸、横向联合、品牌建设……	唯一的农牧企业经营实操的书，农牧企业一定要看

续表

医药	新医改下的医药营销与团队管理 史立臣　著	探讨新医改对医药行业的系列影响和医药团队管理	帮助理清思路，有一个框架
	医药营销与处方药学术推广 马宝琳　著	如何用医学策划把“平民产品”变成“明星产品”	有真货、讲真话的作者，堪称处方药营销的经典！
	新医改了，药店就要这样开 尚　锋　著	药店经营、管理、营销全攻略	有很强的实战性和可操作性
	电商来了，实体药店如何突围 尚　锋　著	电商崛起，药店该如何突围？本书从促销、会员服务、专业性、客单价等多重角度给出了指导方向	实战攻略，拿来就能用
	在中国，医药营销这样做：时代方略精选文集 段继东　主编	专注于医药营销咨询15年，将医药营销方法的精华文章合编，深入全面	可谓医药营销领域的顶尖著作，医药界读者的必读书
	OTC医药代表药店开发与维护 鄢圣安　著	要做到一名专业的医药代表，需要做什么、准备什么、知识储备、操作技巧等	医药代表药店拜访的指导手册，手把手教你快速上手
	引爆药店成交率1：店员导购实战 范月明　著	一本书解决药店导购所有难题	情景化、真实化、实战化
	引爆药店成交率2：经营落地实战 范月明　著	最接地气的经营方法全指导	揭示了药店经营的几类关键问题
	医药企业转型升级战略 史立臣　著	药企转型升级有5大途径，并给出落地步骤及风险控制方法	实操性强，有作者个人经验总结及分析
建材家居	建材家居营销实务 程绍珊　杨鸿贵　主编	价值营销运用到建材家居，每一步都让客户增值	有自己的系统、实战
	建材家居门店销量提升 贾同领　著	店面选址、广告投放、推广助销、空间布局、生动展示、店面运营等	门店销量提升是一个系统工程，非常系统、实战
	10步成为最棒的建材家居门店店长 徐伟泽　著	实际方法易学易用，让员工能够迅速成长，成为独当一面的好店长	只要坚持这样干，一定能成为好店长
	手把手帮建材家居导购业绩倍增：成为顶尖的门店店员 熊亚柱　著	生动的表现形式，让普通人也能成为优秀的导购员，让门店业绩长红	读着有趣，用着简单，一本在手、业绩无忧
	建材家居经销商实战42章经 王庆云　著	告诉经销商：老板怎么当、团队怎么带、生意怎么做	忠言逆耳，看着不舒服就对了，实战总结，用一招半式就值了
工业品	解决方案营销实战案例 刘祖轲　著	用10个真案例讲明白什么是工业品的解决方案式营销，实战、实用	有干货、真正操作过的才能写得出来
	变局下的工业品企业7大机遇 叶敦明　著	产业链条的整合机会、盈利模式的复制机会、营销红利的机会、工业服务商转型机会……	工业品企业还可以这样做，思维大突破
	工业品市场部实战全指导 杜　忠　著	工业品市场部经理工作内容全指导	系统、全面、有理论、有方法，帮助工业品市场部经理更快提升专业能力
	工业品营销管理实务 李洪道　著	中国特色工业品营销体系的全面深化、工业品营销管理体系优化升级	工具更实战，案例更鲜活，内容更深化
	工业品企业如何做品牌 张东利　著	为工业品企业提供最全面的品牌建设思路	有策略、有方法、有思路、有工具
	丁兴良讲工业4.0 丁兴良　著	没有枯燥的理论和说教，用朴实直白的语言告诉你工业4.0的全貌	工业4.0是什么？本书告诉你答案
	大客户营销，好策略带动强执行 叶敦明　著	从业务开发、发起攻势、关系培育、职业成长四个方面，详述了大客户营销的精髓	满满的全是干货
	营销取胜靠订单：订单驱动下的工业品营销实践 唐道明　著	其实，所有的企业都在围绕着两个字在开展全部的经营和管理工作，那就是“订单”	开发订单、满足订单、扩大订单。本书全是实操方法，字字珠玑、句句干货，教你获得营销的胜利

续表

金融	**交易心理分析** (美)马克·道格拉斯　著 刘真如　译	作者一语道破赢家的思考方式,并提供了具体的训练方法	不愧是投资心理的第一书,绝对经典
	精品银行管理之道 崔海鹏　何　屹　主编	中小银行转型的实战经验总结	中小银行的教材很多,实战类的书很少,可以看看
	支付战争 Eric M. Jackson　著 徐　彬　王　晓　译	PayPal 创业期营销官,亲身讲述 PayPal 从诞生到壮大到成功出售的整个历史	激烈、有趣的内幕商战故事! 了解美国支付市场的风云巨变
房地产	**产业园区/产业地产规划、招商、运营实战** 阎立忠　著	目前中国第一本系统解读产业园区和产业地产建设运营的实战宝典	从认知、策划、招商到运营全面了解地产策划
	人文商业地产策划 戴欣明　著	城市与商业地产战略定位的关键是不可复制性,要发现独一无二的"味道"	突破千城一面的策划困局

经营类:企业如何赚钱,如何抓机会,如何突破,如何"开源"

	书名. 作者	内容/特色	读者价值
抓方向	**让经营回归简单. 升级版** 宋新宇　著	化繁为简抓住经营本质:战略、客户、产品、员工、成长	经典,做企业就这几个关键点!
	公司由小到大要过哪些坎 卢　强　著	老板手里的一张"企业成长路线图"	现在我在哪儿,未来还要走哪些路,都清楚了
	企业二次创业成功路线图 夏惊鸣　著	企业曾经抓住机会成功了,但下一步该怎么办?	企业怎样获得第二次成功,心里有个大框架了
	老板经理人双赢之道 陈　明　著	经理人怎养选平台、怎么开局,老板怎样选/育/用/留	老板生闷气,经理人牢骚大,这次知道该怎么办了
	简单思考:AMT 咨询创始人自述 孔祥云　著	著名咨询公司(AMT)的 CEO 创业历程中点点滴滴的经验与思考	每一位咨询人,每一位创业者和管理经营者,都值得一读
	企业文化的逻辑 王祥伍　黄健江　著	为什么企业绩效如此不同,解开绩效背后的文化密码	少有的深刻,有品质,读起来很流畅
	使命驱动企业成长 高可为　著	钱能让一个人今天努力,使命能让一群人长期努力	对于想做事业的人,'使命'是绕不过去的
思维突破	**移动互联新玩法:未来商业的格局和趋势** 史贤龙　著	传统商业、电商、移动互联,三个世界并存,这种新格局的玩法一定要懂	看清热点的本质,把握行业先机,一本书搞定移动互联网
	画出公司的互联网进化路线图:用互联网思维重塑产品、客户和价值 李　蓓　著	18 个问题帮助企业一步步梳理出互联网转型思路	思路清晰、案例丰富,非常有启发性
	重生战略:移动互联网和大数据时代的转型法则 沈　拓　著	在移动互联网和大数据时代,传统企业转型如同生命体打算与再造,称之为"重生战略"	帮助企业认清移动互联网环境下的变化和应对之道
	创造增量市场:传统企业互联网转型之道 刘红明　著	传统企业需要用互联网思维去创造增量,而不是用电子商务去转移传统业务的存量	教你怎么在"互联网 +"的海洋中创造实实在在的增量
	7 个转变,让公司 3 年胜出 李　蓓　著	消费者主权时代,企业该怎么办	这就是互联网思维,老板有能这样想,肯定倒不了
	跳出同质思维,从跟随到领先 郭　剑　著	66 个精彩案例剖析,帮助老板突破行业长期思维惯性	做企业竟然有这么多玩法,开眼界
	麻烦就是需求　难题就是商机 卢根鑫　著	如何借助客户的眼睛发现商机	什么是真商机,怎么判断、怎么抓,有借鉴
	互联网 +"变"与"不变":本土管理实践与创新论坛集萃·2016 本土管理实践与创新论坛　著	加速本土管理思想的孕育诞生,促进本土管理创新成果更好地服务企业、贡献社会	各个作者本年度最新思想,帮助读者拓宽眼界、突破思维

续表

管理类:效率如何提升,如何实现经营目标,如何"节流"			
	书名.作者	内容/特色	读者价值
通用管理	1. 让管理回归简单.升级版 2. 让经营回归简单.升级版 3. 让用人回归简单 宋新宇 著	宋博士的"简单"三部曲,影响20万读者,非常经典	被读者热情地称作"中小企业的管理圣经"
	边干边学做老板 黄中强 著	创业20多年的老板,有经验、能写、又愿意分享,这样的书很少	处处共鸣,帮助中小企业老板少走弯路
	阿米巴经营的中国模式 李志华 著	让员工从"要我干"到"我要干",价值量化出来	阿米巴在企业如何落地,明白思路了
	阿米巴中国落地实践三部曲之科学划分阿米巴 胡八一 著	重点讲解如何科学划分阿米巴单元,阐述划分的实操要领、思路、方法、技术与工具	最大限度减少"推行风险"和"摸索成本",利于公司成功搭建适合自身的个性化阿米巴经营体系
	欧博心法:好管理靠修行 曾伟 著	用佛家的智慧,深刻剖析管理问题,见解独到	如果真的有'中国式管理',曾老师是其中标志性人物
流程管理	1. 用流程解放管理者 2. 用流程解放管理者2 张国祥 著	中小企业阅读的流程管理、企业规范化的书	通俗易懂,理论和实践的结合恰到好处
	跟我们学建流程体系 陈立云 著	畅销书《跟我们学做流程管理》系列,更实操,更细致,更深入	更多地分享实践,分享感悟,从实践总结出来的方法论
战略落地	公司大了怎么管:从靠英雄到靠组织 AMT 金国华 著	第一次详尽阐释中国快速成长型企业的特点、问题及解决之道	帮助快速成长型企业领导及管理团队理清思路,突破瓶颈
	低效会议怎么改:每年节省一半会议成本的秘密 AMT 王玉荣 著	教你如何系统规划公司的各级会议,一本工具书	教会你科学管理会议的办法
	年初订计划,年尾有结果:战略落地七步成诗 AMT 郭晓 著	7个步骤教会你怎么让公司制定的战略转变为行动	系统规划,有效指导计划实现
企业案例·老板传记	宗:一位制造业企业家的思考 杨涛 著	1993年创业,引领企业平稳发展20多年,分享独到的心得体会	难得的一本老板分享经验的书
	简单思考:AMT咨询创始人自述 孔祥云 著	著名咨询公司(AMT)的CEO创业历程中点点滴滴的经验与思考	每一位咨询人,每一位创业者和管理经营者,都值得一读
	六个核桃凭什么:从0过100亿 张学军 著	首部全面揭秘养元六个核桃裂变式成长的巨著	学习优秀企业的成长路径,了解其背后的理论体系
	三四线城市超市如何快速成长:解密甘雨亭 IBMG国际商业管理集团 著	国内外标杆企业的经验+本土实践量化数据+操作步骤、方法	通俗易懂,行业经验丰富,宝贵的行业量化数据,关键思路和步骤
	中国首家未来超市:解密安徽乐城 IBMG国际商业管理集团 著	本书深入挖掘了安徽乐城超市的试验案例,为零售企业未来的发展提供了一条可借鉴之路	通俗易懂,行业经验丰富,宝贵的行业量化数据,关键思路和步骤
	借力咨询:德邦成长背后的秘密 官同良 王祥伍 著	讲述德邦是如何借助咨询公司的力量进行自身与发展的	来自德邦内部的第一线资料,真实、珍贵,令人受益匪浅
人力资源	回归本源看绩效 孙波 著	让绩效回顾"改进工具"的本源,真正为企业所用	确实是来源于实践的思考,有共鸣
	曹子祥教你做绩效管理 曹子祥 著	复杂的理论通俗化,专业的知识简单化,企业绩效管理共性问题的解决方案	轻松掌握绩效管理
	把招聘做到极致 远鸣 著	作为世界500强高级招聘经理,作者数十年招聘经验的总结分享	带来职场思考境界的提升和具体招聘方法的学习
	人才评价中心.超级漫画版 邢雷 著	专业的主题,漫画的形式,只此一本	没想到一本专业的书,能写成这效果

续表

人力资源	**走出薪酬管理误区** 全怀周　著	剖析薪酬管理的8大误区，真正发挥好枢纽作用	值得企业深读的实用教案
	集团化人力资源管理实践 李小勇　著	对搭建集团化的企业很有帮助，务实，实用	最大的亮点不是理论，而是结合实际的深入剖析
	我的人力资源咨询笔记 张　伟　著	管理咨询师的视角，思考企业的HR管理	通过咨询师的眼睛对比很多企业，有启发
	本土化人力资源管理8大思维 周　剑　著	成熟HR理论，在本土中小企业实践中的探索和思考	对企业的现实困境有真切体会，有启发
	HRBP是这样炼成的之"菜鸟起飞" 新　海　著	以小说的形式，具体解析HRBP的职责，应该如何操作，如何为业务服务	实践者的经验分享，内容实务具体，形式有趣
企业文化	**华夏基石方法：企业文化落地本土实践** 王祥伍　谭俊峰　著	十年积累、原创方法、一线资料，和盘托出	在文化落地方面真正有洞察，有实操价值的书
	企业文化的逻辑 王祥伍　著	为什么企业之间如此不同，解开绩效背后的文化密码	少有的深刻，有品质，读起来很流畅
	企业文化激活沟通 宋杼宸　安　琪　著	透过新任HR总经理的眼睛，揭示出沟通与企业文化的关系	有实际指导作用的文化落地读本
	在组织中绽放自我：从专业化到职业化 朱仁健　王祥伍　著	个人如何融入组织，组织如何助力个人成长	帮助企业员工快速认同并投入到组织中去，为企业发展贡献力量
	企业文化定位·落地一本通 王明胤　著	把高深枯燥的专业理论创建成一套系统化、实操化、简单化的企业文化缔造方法	对企业文化不了解，不会做？有这一本从概念到实操，就够了
生产管理	**高员工流失率下的精益生产** 余伟辉　著	中国的精益生产必须面对和解决高员工流失率问题	确实来源于本土的工厂车间，很务实
	车间人员管理那些事儿 岑立聪　著	车间人员管理中处理各种"疑难杂症"的经验和方法	基层车间管理者最闹心、头疼的事，'打包'解决
	1. **欧博心法：好管理靠修行** 2. **欧博心法：好工厂这样管** 曾　伟　著	他是本土最大的制造业管理咨询机构创始人，他从400多个项目、上万家企业实践中锤炼出的欧博心法	中小制造型企业，一定会有很强的共鸣
	欧博工厂案例1：生产计划管控对话录 **欧博工厂案例2：品质技术改善对话录** **欧博工厂案例3：员工执行力提升对话录** 曾　伟　著	最典型的问题、最详尽的解析，工厂管理9大问题27个经典案例	没想到说得这么细，超出想象，案例很典型，照搬都可以了
	苦中得乐：管理者的第一堂必修课 曾　伟　编著	曾伟与师傅大愿法师的对话，佛学与管理实践的碰撞，管理禅的修行之道	用佛学最高智慧看透管理
	比日本工厂更高效1：管理提升无极限 刘承元　著	指出制造型企业管理的六大积弊；颠覆流行的错误认知；掌握精益管理的精髓	每一个企业都有自己不同的问题，管理没有一剑封喉的秘笈，要从现场、现物、现实出发
	比日本工厂更高效2：超强经营力 刘承元　著	企业要获得持续盈利，就要开源和节流，即实现销售最大化，费用最小化	掌握提升工厂效率的全新方法
	比日本工厂更高效3：精益改善力的成功实践 刘承元　著	工厂全面改善系统有其独特的目的取向特征，着眼于企业经营体质（持续竞争力）的建设与提升	用持续改善力来飞速提升工厂的效率，高效率能够带来意想不到的高效益
	3A顾问精益实践1：IE与效率提升 党新民　苏迎斌　蓝旭日　著	系统的阐述了IE技术的来龙去脉以及操作方法	使员工与企业持续获利

续表

员工素质提升	跟老板“偷师”学创业 吴江萍　余晓雷　著	边学边干,边观察边成长,你也可以当老板	不同于其他类型的创业书,让你在工作中积累创业经验,一举成功
	销售轨迹:一位快消品营销总监的拼搏之路 秦国伟　著	本书讲述了一个普通销售员打拼成为跨国企业营销总监的真实奋斗历程	激励人心,给广大销售员以力量和鼓舞
	在组织中绽放自我:从专业化到职业化 朱仁健　王祥伍　著	个人如何融入组织,组织如何助力个人成长	帮助企业员工快速认同并投入到组织中去,为企业发展贡献力量
	企业员工弟子规:用心做小事,成就大事业 贾同领　著	从传统文化《弟子规》中学习企业中为人处事的办法,从自身做起	点滴小事,修养自身,从自身的改善得到事业的提升
	手把手教你做顶尖企业内训师:TTT 培训师宝典 熊亚柱　著	从课程研发到现场把控、个人提升都有涉及,易读易懂,内容丰富全面	想要做企业内训师的员工有福了,本书教你如何抓住关键,从入门到精通

营销类:把客户需求融入企业各环节,提供“客户认为”有价值的东西

	书名.作者	内容/特色	读者价值
营销模式	变局下的营销模式升级 程绍珊　叶　宁　著	客户驱动模式、技术驱动模式、资源驱动模式	很多行业的营销模式被颠覆,调整的思路有了!
	卖轮子 科克斯【美】	小说版的营销学!营销理念巧妙贯穿其中,贵在既有趣,又有深度	经典、有趣!一个故事读懂营销精髓
	弱势品牌如何做营销 李政权　著	中小企业虽有品牌但没名气,营销照样能做的有声有色	没有丰富的实操经验,写不出这么具体、详实的案例和步骤,很有启发
	老板如何管营销 史贤龙　著	高段位营销 16 招,好学好用	老板能看,营销人也能看
	动销:产品是如何畅销起来的 吴江萍　余晓雷　著	真真切切告诉你,产品究竟怎么才能卖出去	击中痛点,提供方法,你值得拥有
组织和团队	升级你的营销组织 程绍珊　吴越舟　著	用“有机性”的营销组织替代“营销能人”,营销团队变成“铁营盘”	营销队伍最难管,程老师不愧是营销第 1 操盘手,步骤方法都很成熟
	用数字解放营销人 黄润霖　著	通过量化帮助营销人员提高工作效率	作者很用心,很好的常备工具书
	成为优秀的快消品区域经理 伯建新　著	37 个“怎么办”分析区域经理的工作关键点	可以作为区域经理的‘速成催化器’
	一位销售经理的工作心得 蒋　军　著	一线营销管理人员想提升业绩却无从下手时,可以看看这本书	一线的真实感悟
	快消品营销:一位销售经理的工作心得 2 蒋　军　著	快消品、食品饮料营销的经验之谈,重点突出	来源于实战的精华总结
	销售轨迹:一位快消品营销总监的拼搏之路 秦国伟　著	本书讲述了一个普通销售员打拼成为跨国企业营销总监的真实奋斗历程	激励人心,给广大销售员以力量和鼓舞
	用营销计划锁定胜局:用数字解放营销人 2 黄润霖　著	全方位教你怎么做好营销计划,好学好用真简单	照搬套用就行,做营销计划再也不头痛
	快消品营销人的第一本书:从入门到精通 刘　雷　伯建新　著	快消行业必读书,从入门到专业	深入细致,易学易懂
营销案例	解决方案营销实战案例 刘祖轲　著	用 10 个真案例讲明白什么是工业品的解决方案式营销,实战、实用	有干货、真正操作过的才能写得出来
	招招见销量的营销常识 刘文新　著	如何让每一个营销动作都直指销量	适合中小企业,看了就能用

续表

营销案例	**我们的营销真案例** 联纵智达研究院　著	五芳斋粽子从区域到全国/诺贝尔瓷砖门店销量提升/利豪家具出口转内销/汤臣倍健的营销模式	选择的案例都很有代表性，实在、实操！
	中国营销战实录：令人拍案叫绝的营销真案例 联纵智达　著	51个案例，42家企业，38万字，18年，累计2000余人次参与……	最真实的营销案例，全是一线记录，开阔眼界
	双剑破局：沈坤营销策划案例集 沈　坤　著	双剑公司多年来的精选案例解析集，阐述了项目策划中每一个营销策略的诞生过程，策划角度和方法	一线真实案例，与众不同的策划角度令人拍案叫绝、受益匪浅
产品	**产品炼金术Ⅰ：如何打造畅销产品** 史贤龙　著	满足不同阶段、不同体量、不同行业企业对产品的完整需求	必须具备的思维和方法，避免在产品问题上走弯路
	产品炼金术Ⅱ：如何用产品驱动企业成长 史贤龙　著	做好产品、关注产品的品质，就是企业成功的第一步	必须具备的思维和方法，避免在产品问题上走弯路
	新产品开发管理，就用IPD 郭富才　著	10年IPD研发管理咨询总结，国内首部IPD专业著作	一本书掌握IPD管理精髓
品牌	**中小企业如何建品牌** 梁小平　著	中小企业建品牌的入门读本，通俗、易懂	对建品牌有了一个整体框架
	采纳方法：破解本土营销8大难题 朱玉童　编著	全面、系统、案例丰富、图文并茂	希望在品牌营销方面有所突破的人，应该看看
	中国品牌营销十三战法 朱玉童　编著	采纳20年来的品牌策划方法，同时配有大量的案例	众包方式写作，丰富案例给人启发，极具价值
	今后这样做品牌：移动互联时代的品牌营销策略 蒋军　著	与移动互联紧密结合，告诉你老方法还能不能用，新方法怎么用	今后这样做品牌就对了
	中小企业如何打造区域强势品牌 吴之　著	帮助区域的中小企业打造自身品牌，如何在强壮自身的基础上往外拓展	梳理误区，系统思考品牌问题，切实符合中小区域品牌的自身特点进行阐述
渠道通路	**快消品营销与渠道管理** 谭长春　著	将快消品标杆企业渠道管理的经验和方法分享出来	可口可乐、华润的一些具体的渠道管理经验，实战
	传统行业如何用网络拿订单 张　进　著	给老板看的第一本网络营销书	适合不懂网络技术的经营决策者看
	采纳方法：化解渠道冲突 朱玉童　编著	系统剖析渠道冲突，21个渠道冲突案例、情景式讲解，37篇讲义	系统、全面
	学话术　卖产品 张小虎　著	分析常见的顾客异议，将优秀的话术模块化	让普通导购员也能成为销售精英
	向高层销售：与决策者有效打交道 贺兵一　著	一套完整有效的销售策略	有工具，有方法，有案例，通俗易懂
	通路精耕操作全解：快消品20年实战精华 周　俊　陈小龙　著	通路精耕的详细全解，每一步的具体操作方法和表单全部无保留提供	康师傅二十年的经验和精华，实践证明的最有效方法，教你如何主宰通路

思想·文化

	书名．作者	内容/特色	读者价值
思想·文化	**史幼波中庸讲记（上下册）** 史幼波　著	全面、深入浅出地揭示儒家中庸文化的真谛	儒释道三家思想融汇贯通
	史幼波心经讲记（上下册） 史幼波　著	句句精讲，句句透彻，佛法经典的多角度阐释	通俗易懂，将深刻的教理以浅显的语言讲出来
	史幼波大学讲记 史幼波　著	用儒释道的观点阐释大学的深刻思想	一本书读懂传统文化经典
	史幼波《周子通书》《太极图说》讲记 史幼波　著	把形而上的宇宙、天地，与形而下的社会、人生、经济、文化等融合在一起	将儒家的一整套学修系统融合起来